Zwischen Erd und Sternenzelt

Dichtung aus vielen Jahrhunderten zur irdischen Pilgerschaft

Zusammengestellt
von Norbert Tarsten

Köln

Satz und Druck: Digital Print Group, Nürnberg
Umschlagbild: Eigenfoto. Bruder-Klaus-Kapelle, Wachendorf/Eifel, 2009
ISBN: 978-3-00-029426-6

Inhaltsverzeichnis

Vorwort

Die westeuropäische Kirche des 21. Jh. ist nicht mehr die, die sie noch vor Jahrzehnten war. Damit ist nicht nur die restaurative Tendenz des Lateinischen als sprachgrenzenüberwindende Liturgiesprache gemeint. Es hat sich zwar eine Art von „Lateinphobie“ in den letzten Jahren breitgemacht, das gilt keineswegs nur für die katholische Kirche, sondern auch für die ökumenische Gemeinschaft der Brüder von Taizé. Diese sieht diese Sprache als Medium der Gemeinschaft an, das auch kultiviert wird.
Auch das Interesse der Gymnasiasten an Latein ist gestiegen.

Vielleicht erkennen auch Ausschüsse, die über ein neues „Gottlob“ demnächst endgültig entscheiden werden, daß eine restaurative Tendenz des Lateinischen als völker- und zeitenübergreifender Faktor nicht nur der Traditionspflege diene, sondern ein Faktor der katholischen Kirchensprache bleibt und noch nicht in Vergessenheit geraten ist.
Auch für ökumenische Gottesdienste kann ein Rückgriff darauf hilfreich sein.

Im weiteren wird nicht der Einfluß des Lateinischen auf die Entwicklung der deutschen Sprache untersucht und erhellt, sondern die Entwicklung eines Begriffs, der auch mit der Institution `Kirche´ in Zusammenhang gebracht wird.

Im Laufe der Jahrhunderte wurde der Begriff *Heimat* auch mit Religion in Beziehung gebracht.

Die Intensität und die Häufigkeit der Verwendung dieses Begriffs hingen im Laufe der Jahrhunderte von verschiedenen Faktoren ab, die sowohl im sozialen wie auch im politischen Bereich zu suchen und zu finden sind. Oft bedingte seine Verwendung die Erwähnung eines Ortes, also einer Lokalität (Heimat), die man entweder verloren hatte oder verlassen mußte, um eine neue zu finden.
Der Glaube des Menschen an Gott oder eine höhere *Macht* steigerte gelegentlich die Sehnsucht, ihm oder ihr näher zu sein. Insbesondere am Lebensende.
In Liedern, Psalmen, Sprüchen und Gebeten, die recht zahlreich verfaßt worden sind, bleibt der Bezug zur Stätte des Wirkens ihrer Autoren erkennbar. In unterschiedlichen Altersphasen sah man den irdischen Ort, *die Heimat*, nur als vorübergehende Bleibe.
Der Glaube war nicht selten die treibende Kraft bei der Suche nach einer himmlischen Heimat.
Es gab auch Epochen in der deutschsprachigen Dichtung, in denen der Begriff *irdische Heimat* durch *Vaterland* ersetzt wurde.

Im Adventslied „Maria sei gegrüßt“ heißt es in der 10. Strophe:

„Führ´ uns auf deinen Fürspruch
Hinauf in´s Vaterland.“

Die *himmlische Heimat* fand in Liedern viele Ersatzformen, hier einige Komposita:
Himmelshöhen, Himmelreich, Glück Ewigkeit, himmlische Freuden, Himmelsfreuden, himmlisches Licht, Himmelssaal, das Paradies.

Kirche - Heimat

Das Kriterium bei der Auswahl von Texten für diese Sammlung war u. a. das Vorhandensein des Begriffes *Heimat* - auch in abgewandelter Form - in der religiösen Dichtung verschiedener Epochen.

Was bedeutet das Wort *Heimat* in der Bibel?
Dieses Wort gibt es so in keiner anderen Sprache. Es läßt sich wohl schwer auf einen knappen Nenner bringen, definieren d. h. eingrenzen.

Sind damit Haus, Heim, Geborgenheit, Schutz gemeint? Worte mit vertrauten Klängen. Welche Worte verwendet die Bibel dafür? Im Griechischen, in der Sprache, in der das Neue Testament geschrieben wurde, ist von Patria die Rede, vom Vaterland.
Deutet es nicht auf die Autorität des Vaters hin? Ein Begriff, der auch auf Recht und Ordnung setzt. Bezugspunkt für Heimat scheint eine staatliche Ordnung zu sein.
Im Hebräischen – der Sprache des AT – ist Heimat das *erez molaedaet*, wörtlich übersetzt *das Land der Verwandtschaft.* Ist damit auch das Geburtsland, der Geburtsort gemeint?
Also eine rein geographische Fixierung? Meint es nicht auch den Stamm, die Sippe, die Familie?
Die Bibel erzählt: Diese Heimat haben die Stammeltern Israels, Abraham und Sarah, verlassen. (Hebr. 11,8)
Sie brechen auf, weil Gott sie herausruft und ihnen eine neue Heimat verspricht:

„Zieh du aus, aus deinem Land, von deiner Verwandtschaft und vom Haus deines Vaters".

Ein schwerer Schritt, das eigene Land zu verlassen! Im Hebräerbrief heißt es: „Und Abraham und Sara zogen weg, ohne zu wissen, wohin sie kommen würden.
Ins Land der Verheißung", so heißt es im Griechischen.
Die Wendung „das Land der Verheißung" ist neu. Die verheißene Heimat ist das Land Gottes.
Israel fand Land, weil es aus der Sklaverei in Ägypten befreit wurde und durch die Wüste ging. Ist also Heimat nicht das Land, in dem man schon mal war, sondern in das man kommt oder kommen wird?
Es gibt wohl einen Anspruch auf Beständigkeit und Sicherheit. Wie ist denn die Formel zu verstehen: „My home is my castle."
Kastell war ursprünglich ein militärischer Begriff, der Bereitschaft zu einer Verteidigung signalisierte.

Das Christentum konnte anfänglich bei den deutschen Stämmen nur recht zögerlich an Boden gewinnen. Die ersten Belege von Kirchenliedern in der Volkssprache stammen aus dem 9. Jh. Es sind Vorstrophen zum Kyrie und volks- oder gemischtsprachige Umdichtungen von lateinischen Hymnen und Sequenzen, so u. a. *In dulci jubilo.*
Weltliche Lieder wurden recht spät in den geistlichen Bereich übertragen, die Melodien nicht selten übernommen, der Text wurde oft umgearbeitet oder neu verfaßt.
Der untersuchte Begriff wurde noch nicht verwendet.
Wenn die Stoffe inhaltlich auch christlich waren, so blieben die veröffentlichten Texte wie z. B. **Das Lud-**

wigslied noch von Ansichten des altgermanischen Heidentums durchdrungen. Die lateinische Hof- und Klosterdichtungen der Zeit 10. – 12. Jh. waren und blieben zunächst eine Poesie der Geistlichkeit.
In der vorreformatorischen Zeit begann man schon, volkssprachliche Kirchenlieder in Gesangbücher aufzunehmen. Bei den *Böhmischen Brüdern* erschien 1501 eines der ersten Gesangbücher. Es enthielt neben Übersetzungen lateinischer Lieder und den Übertragungen tschechischer Volkslieder auch neu verfaßte Lieder.
Dem Reformator *Martin Luther* ging es neben dem gemeinsamen Singen von Kirchenliedern auch um eine volksnahe Sprache, die die Gemeinschaft stärken sollte.
Nicht selten waren es auch *Wir-Lieder.*
Auf Flugblättern verbreitete Luther seine Lieder, so wurden diese schnell bekannt und ebenso beliebt. Außerdem erschienen verschiedene Gemeindegesangbücher.
Aber auch andere Reformatoren verfaßten neue Kirchenlieder, so u. a. *Thomas Müntzer, Johannes Calvin.*
Gesang- und Gebetbücher haben im deutschen Sprachraum eine lange Tradition.
In der Reformation zeichnete sich eine starke Entwicklung ab. Es galt zunächst, der reformatorischen Bewegung, die sich schnell verbreitete, entgegenzuwirken. Der Haller Dominikaner und Probst *Michael Vehe* ließ 1537 ein katholisches Gesangbuch drucken, das dann an Bedeutung von dem Gesangbuch des Bautzener Stiftsdekans *Johann Leisentrit* 1567 übertroffen wurde. Dieses Buch diente späteren Gesangbüchern als Quelle und Vorbild.
Im Rahmen der Gegenreformation trug auch der Jesuitenorden durch die Herausgabe zahlreicher Gesangbü-

cher zu ihrer Verbreitung bei, wodurch speziell Gelegenheitslieder, wie z. B. Fronleichnams-, Marien- und Heiligenlieder bekannt wurden.
Im 17. Jh. wurde der Pietismus zu einer bestimmenden Strömung der deutschsprachigen Kirchenliteratur. Die neuen Lieder waren meist subjektive, durch sprachliche Bilder geprägte Betrachtungen, so daß persönliche Empfindungen im Vordergrund standen. Hoch war die Zahl der Lieder, die von *Nikolaus Ludwig Graf von Zinzendorf* gedichtet wurden, aber auch der reformierte Mystiker *Gerhard Tersteegen* brachte eine beachtliche Anzahl hervor.
Die Aufklärung etwa ab 1730 verstand als oberstes Prinzip die kritische Vernunft und lehnte jeden Offenbarungs- und Wunderglauben ab.
Grundwerte wie Toleranz, Gewissensfreiheit und Nächstenliebe waren zentrale Inhalte. Gott wurde als liebender Vater und Schöpfer dargestellt. Das Kirchenlied sollte die Inhalte der Predigten unterstreichen. Es erschien eine Reihe von neuen Gesangbüchern, z. B. das Cramersche Gesangbuch.
Ab der Mitte des 18. Jh. entstanden auch neue volkssprachliche Kirchenlieder.
Deutsche Lieder setzten sich als Begleitung zur lateinischen Messe immer mehr durch.
Im 19. Jh. gewannen die genehmigten und vorgeschriebenen Gesangbücher der Ortsbischöfe an Bedeutung, sie trugen auch zur Festigung des Zusammenhalts der Ortskirchen bei.
Erst nach dem Zweiten Weltkrieg konkretisierte sich der Gedanke eines Einheitsgesangbuches mit einem Stamm von Kirchenliedern und Gebeten für alle deutschsprachigen Katholiken. Das *Gotteslob* ist seit den

1960er Jahren ein gemeinsames Gesang- und Gebetbuch für alle deutschen Diözesen im Bundesgebiet, Österreich und für die Bistümer Bozen-Brixen und Lüttich.
Eine Überarbeitung ist zu Zeit in Vorbereitung.

Die Gesang- und Gebetbücher der evangelischen Kirche sind eine Angelegenheit der jeweiligen Landeskirche. Einige Texte, die in die Gesangbücher des letzten Jahrhunderts aufgenommen wurden, fanden hier Berücksichtigung.

Allgemein ist bekannt, daß der Begriff *Heimat* mit Emotionen verbunden ist.
Er wird mit einem Ort verknüpft, in dem man seine Kindheit verbracht und dort Besonderes erlebt hat, wo man sich wohlfühlte, weil man nicht nur von Eltern und Verwandten geliebt wurde. Das Gefühl der Zugehörigkeit - *hier ist meine Heimat* - spielt dabei eine Rolle.
Daheim kann sich der Mensch sicher und geborgen fühlen, ungestört.
Geht diese Heimat verloren, stellt sich ein starkes Gefühl des Verlustes ein. Nicht nur, daß sich dann eine Verklärung der *Heimat* ausbildet, sondern die neue Umgebung - auch der neue Sprachraum - werden zunächst als *Fremde* wahrgenommen.
Die Sprache ist wichtig für die Bestimmung der Heimat und bei der Wahrnehmung eines neuen *Heimatgefühls.*
Es ist die Sprache, die das Gefühl von Verbundenheit, Vertrautheit und Sicherheit vermittelt, auch neue Bilder vor dem geistigen Auge entstehen läßt.
In einem Fragebogen der Evangelischen Kirche zum Thema *Heimat* Anfang des 21. Jh. war als Antwort zu lesen:

„...Wer fern der *Heimat* war, der hat erfahren, wie sehr der Klang der *Heimatsprache* ans Herz geht. *Heimat* ist nicht nur Wald und Feld, Berg und Tal, Stadt und Dorf. *Heimat* bedeutet vielmehr auch Menschen mit ihrer eigenen Sprache, unserer Sprache.
Wer eine solche *Heimat* hat, kann sich glücklich schätzen...“

Auf die Bedeutung der Heimat für die Menschen wies anläßlich des Festaktes zum Tag der Heimat 2008 in Berlin der Freiburger Erzbischof und Vorsitzende der Deutschen Bischofskonferenz *Robert Zollitsch* hin.
Er äußerte sich auch zur Erinnerung und Aussöhnung infolge des Kriegsgeschehens:

„Der Kirche ist eine tragfähige Aussöhnung auf der Grundlage des christlichen Glaubens aufgegeben. Das schließt ein, historische Wahrheit und Gerechtigkeit zu fördern und das Bewußtsein für das Unrecht jeder Vertreibung auszubilden.“
Immer wieder habe die Kirche auf die Bedeutung der *Heimat* für die Menschen hingewiesen. „Menschen schöpfen aus gesunder heimatlicher Verwurzelung Lebensfreude und Zukunftshoffnung. *Heimat* gehört zum Menschen und seiner Geschichte und darf niemandem gewaltsam genommen werden.“ Das fügte der Erzbischof hinzu.

Der Schriftsteller *Horst Bienek* definierte den Begriff *Heimat* wie folgt:

„*Heimat* ist ein deutsches Wort, das sich in keine andere Sprache wirklich übersetzen läßt. *Heimat* kann man nicht vererben. Sie ist in meinem Kopf. Und sie ist in meiner Seele. Dort, wo ich meine Kindheit und Jugend crlcbt und die Welt zum ersten Mal entdeckt habe, wächst nun schon eine dritte Generation heran, dort werden neue, andere Kindheiten erlebt, wird eine andere Sprache gesprochen. Kindheit ist *Heimat.*“

Heute können die christlichen Kirchen mit ihren zahlreichen Einrichtungen, Musikgruppen oder Sportvereinen zu neuen Erlebnissen in der Gemeinschaft, zum persönlichen Erleben führen, auch das Gefühl der Zugehörigkeit vermitteln. Die Gastfreundschaft gegenüber Fremdlingen und Gästen gehört zum Sein und Zeugnis der Kirche. Seit Jahrhunderten haben christliche Gemeinschaften den Menschen geholfen, die auf Wanderschaft waren. Viele Heilige widmeten ihr Leben den Heimatlosen und Entwurzelten, z. B. die *heilige Verena* in der Schweiz (3. Jh.), die *heilige Melanie* aus Rom in Ägypten und Palästina (5. Jh.) und die *Julietta* in Rußland (16. Jh.).

Seit dem Zweiten Weltkrieg haben die Kirchen zunehmend die Aufgabe übernommen, sich für entwurzelte, heimatlose Menschen zu engagieren und für deren Aufnahme in die Gemeinschaft einzutreten, für eine weitere Unterstützung und Betreuung Sorge zu tragen.

Aber auch der Bedrängten in Kriegsgefangenschaft und Arbeitslagern nahmen sich die Kirchengemeinden an. Im Sommer des Jahres 1946 gab es nicht nur an den Kirchentüren Aufrufe zu Gebeten an den Bittagen und Bittprozessionen für die Kriegsgefangenen, die noch fern der Heimat blieben

Der Erzbischof von München und Freising, *Michael Kardinal Faulhaber*, wandte sich an die Gläubigen:

„So laßt uns an den Bittagen und in den Bittprozessionen einmütig und eindringlich beten, daß unsere Brüder in der Gefangenschaft stark bleiben an Leib und Seele und bald zurückkehren in ihre *Heimat*."

Viele Gebete wurden flehentlich gen Himmel gerichtet. Hier eines mit der beschwörenden
Bitte an den Gekreuzigten aus Leid und Not

Jesus Christus, mein Menschenbruder,
gedenke der Nächte, da Du auf Erden nicht zur Ruhe kamst –
da Du geweint und gestöhnt und g´schrien hast – wie wir –
gedenke, Du liebender Herr!
Von wem, als von Dir, habe ich die Liebe,
mit der ich hänge an meiner *Heimat*,
an meinem Haus, an meinen Menschen …

Für alle habe ich einst sorgen können;
Jetzt bin ich machtlos und kann es nicht.
Du großer Freund,
der Du zu Deinem Freunde Lazarus eiltest,
als Du gerufen wurdest,
der Du die Deinen liebtest bis zum Äußersten, --
segne, ich bitte Dich inständig,
meine Liebe zu allen, die ich liebe!
Hilf Du mir in meiner unglückseligen Lage!
Was soll ich tun?
Wie soll ich Dich beschwören,
daß Du mich hörst und erhörst?
Ich stelle mich unter Dein Kreuz,
leidender Herr. –

In Deine heiligen Wunden möchte ich einbetten diejenigen, um die ich mich sorge und gräme, dann weiß ich sie aufgehoben und geborgen
in der größten Liebe der Welt.
In Deine rechte angenagelte Hand berge ich …
(*besinne Dich, wen Du ihr anempfehlen willst*).
In Deine linke angenagelte Hand berge ich …
In Deinen rechten angenagelten Fuß berge ich …

In die Wunde Deines heiligen Herzens
berge ich den Menschen, den ich am innigsten liebe.
Nun bist Du *Heimat*, Geborgenheit und Behütung.
Nun bist Du meine Ruhe und mein Frieden. Amen

Flucht und Vertreibung waren im 20. Jh. Ursachen für Armut, Hunger und Not.
Die entwurzelten Menschen hatten aber Anspruch auf Gerechtigkeit, menschenwürdige Lebensbedingungen. Kirchen waren ein Ort, an dem die Entwurzelten wieder Raum und Gehör fanden. Ihre Erlebnisse und Erinnerungen konnten und können sie verarbeiten, andere Wege für ihr neues Leben finden.
In unserer Zeit gibt es aber weiterhin viele entwurzelte Menschen, die einen Raum brauchen, in dem sie sich nicht als Fremde fühlen und so gesehen werden. Der gemeinsame Glaube schafft eine Brücke zu diesen Menschen. In diesem Glauben gibt es noch einen gemeinsamen Bezugspunkt, die „Heimat im Himmel".
Die *irdische und himmlische Heimat* stehen in einem Spannungsfeld zueinander. Als Menschen benötigen wir beide, sie kommen von Gott. Die *irdische Heimat* ist zeitlich auf Erden befristet, die ewige, *himmlische Heimat*

ist dauerhaft. Das Vertrauen auf Gott, seine Allmacht geben uns Kraft zur Bewältigung vieler irdischer Widrigkeiten.

Die Kirche als Heimat steht noch in einer anderen Spannung, und zwar zwischen traditionsreicher Institution, die von der Tradition lebt und diese auch bewahren möchte, und den Aufbrüchen zu neuen Aufgaben und Aufträgen, auf daß Menschen, die in der Kirche Heimat erwarten, in ihr ein Leben führen können.

Ein praktizierter Glaube schenkt ihnen Orientierung bei der Suche nach neuen Wurzeln und Wegen.

Es sind verschiedene Faktoren, die eine Heimat in der Kirche ausmachen, so u. a. die Ausstrahlung einer Kirche als Gemeinschaft, mit ihrer Sprache, Musik, mit festlichen Liedern, zahllosen Texten von Gebeten und Fürbitten.

All das sind Bindeglieder und Multiplikatoren des Gemeinschaftsgefühls.

Kirche wird zur Heimat, wo unsere Sprache als gemeinsame gesprochen wird, unsere Lieder erklingen, fremde Anliegen als Fragen angesprochen werden.

Aus den zahlreichen Gedichten, Liedern und Gebeten, die angeführt werden, wird deutlich, daß sich der Mensch nach *Beheimatung* sehnt, irgendwo zu Hause zu sein, zu einer Gemeinschaft dazu gehören.

Das Wort *Heimat* wird von einer alten Form *heim* abgeleitet. Es ist deshalb auch auf den deutschen Sprachraum beschränkt.

Der ehemalige Präses der Rheinischen Kirche, *Peter Beier*, lieferte einst eine hilfreiche Umschreibung dessen, was Heimat ist:

„*Heimat*, das ist Zuhause, das sind Mutter und Vater, soziale Bindungen, die Farben der Landschaft, das Idiom, da werden Traum und Jugend bewahrt in schöner Färbung, die nicht unbedingt identisch ist mit Schönfärberei.
Heimat – da kann Hunger gestillt, Durst gelöscht, ein Haus betreten und ein Licht entzündet werden. *Heimat* ist ein Platz, an dem einem niemand über die Menschen etwas vormacht, weil man sie lange kennt. *Heimat* ist dann echt, wenn man auch ihre Enge wahrnimmt, ihre Provinzialität, die zum Ausbruch anstiftet, zum Fernweh reizt und gleichwohl in der Fremde und vor der Fremde Schutz gewährt, die Möglichkeit bietet, sich zurückzuziehen."

Das *Heimatgefühl* wird nicht selten der Erfahrung in der Fremde gegenübergestellt. Damit wird der Heimatbegriff konkreter und faßbarer.

„Wir sind nur Gast auf Erden…“

Lieder und Gebete im Jahresrhythmus

Der Begriff *Heimat* steht im Mittelpunkt bei der Auswahl dichterischer Texte verschiedener Epochen. Diese Sammlung enthält überwiegend religiöse Texte, wie Kirchenlieder und Gebete. Die Schreibweise der überlieferten Originale ist beibehalten worden, ebenso die Strophengestaltung. Manchmal führt dies u. U. zur Verwunderung.
Eine Rolle sollte die Frage spielen, womit wird dieser Begriff gedanklich verknüpft, welche Wortverwandtschaften treten auf und mit welcher Intensität? Der Begriff wird da besonders gekennzeichnet.
Diese Sammlung erhebt keinen Anspruch auf Vollständigkeit, verdeutlicht aber Phasen intensiver Verwendung des genannten Begriffes.
Wie bereits erwähnt - konnte das Christentum bei den deutschen Stämmen nur zögerlich an Einfluß gewinnen. Die ersten Belege von volkstümlichen Kirchenliedern stammen aus dem 9. Jh. Es sind Vorstrophen zum Kyrie und volks- oder gemischtsprachige Umdichtungen von lateinischen Hymnen und Sequenzen, wie bereits erwähnt: *In dulci jubilo.*

Weltliche Lieder wurden in den geistlichen Bereich übertragen, die Melodien nicht selten übernommen, der Text wurde oft überarbeitet oder neu verfaßt.
Wenn die Stoffe inhaltlich auch christlich waren, so blieben die veröffentlichten Texte wie unter anderen

Das Ludwigslied noch von Ansichten des altgermanischen Heidentums durchdrungen.

Die lateinische Hof- und Klosterdichtungen der Zeit 10. – 12. Jahrhunderts war und blieb zunächst eine Poesie der Geistlichkeit.
Im Mittelalter (etwa bis zum Jahre 1500) kann man ein Durchdringen des Christentums, seiner Dichtungen, infolge des Einwirkens auf Heldensagen erkennen.

Das Nibelungenlied enthält heidnische und christliche Bestandteile. Der Dichter hat sicherlich den Stoff der Volkspoesie entnommen.
Das Vertrauen auf Gott war immer stark, und so blieb es auch bei vielen Menschen bis heute.

Heinrich von Laufenberg (1390–1460), Priester in Freiburg/Breisgau und bedeutender Dichter geistlicher Lieder seiner Zeit, verfaßte 1430 den alemannisch eingefärbten Text.

Ich wollt, daß ich doheime wär

Ich wollt, daß ich *doheime* wär
und aller Welt Trost entbehr.

Ich mein *doheim* im Himmelreich,
do ich Gott schauet ewiglich.

Woluf, min Seel, und richt dich dar!
Do wartet din der Engel Schar.

Wo alle Welt ist dir zu klein,
du kommest denn eh wieder heim:

Doheim ist Leben ohne Tod
und ganze Freud ohn´ alle Not.

Do ist Gesundheit ohne Weh
und währet hüt und immermeh.

Do sind doch tausen Jahr als hüt
und ist auch kein Verdrießen nit.

Woluf, min Herz und all min Mut,
und such das Gut ab allem Gut.

Was das nit ist, das schätz gar klein
und jammre allzeit wieder *heim.*

Du hast doch hier Bleiben nit,
es sei denn morgen oder hüt.

Weil es denn anders nit mag sin,
so flich der Welte falschen Schin!

Und reu din Sünd und besser dich,
als wöllest morgen ins Himmelrich.

Das folgende Weihnachtslied von den Hirten erschien erstmals 1613, und wurde zehn Jahre später auch in den Band „Kölner Geistliche Kirchengesänge“ mit Melodie aufgenommen. Es zeigt aber eine Anleihe an den Text, den **Friedrich von Spees** gedichtet hat, der von der biblischen Weihnachtsgeschichte Lukas´ (2,8-20) ausgeht und eine spätere barocke Vorstellung der „Jesuminne“ beweist.

Als ich bei meinen Schafen wacht

Als ich bei meinen Schafen wacht,
ein Engel mir die Botschaft bracht.
Des bin ich froh, bin ich froh,
froh, froh, froh, o, o, o!
Benedicamus Domino, benedicamus Domino! [1]
Er sagt, es soll geboren sein
zu Bethlehem ein Kindelein.
Des bin ich froh, bin ich froh,
froh, froh, o, o, o!
Benedicamus domino.

Er sagt, das Kind liegt dort im Stall
und soll die Welt erlösen all.

Als ich das Kind im Stall gesehn,
nicht wohl konnt ich von dannen gehen.

Das Kind zu mir sein Äugelein wandt,
mein Herz gab ich in seine Hand.

---

[1] Laß uns preisen den Herrn

Demütig küßt ich seine Füß,
davon mein Mund ward zuckersüß.

Als ich *heimging*, das Kind wollt mit
und wollt von mir abweichen nit.

Das Kind legt sich an meine Brust
und macht mir da all Herzenlust.

Den Schatz muß ich bewahren wohl,
so bleibt mein Herz der Freuden voll.

Im 17. Jh. dichtete **Christian Knorr von Rosenroth** ein geistliches Morgengedicht, das später (1704) vertont und im 20. Jh. von Maria Luise Thurmair um drei Strophen erweitert wurde. In den ersten zwei Strophen ist der Begriff *heim* nicht enthalten.

Morgenglanz der Ewigkeit,

1. Morgenglanz der Ewigkeit
Licht vom unerschaffnen Lichte,
schicke uns diese Morgenzeit
deine Strahlen zu Gesichte,
und vertreib durch deine Macht unsre Nacht.

2. Die bewölkte Finsternis
müsse deinem Glanz entfliehen,
die durch Adams Apfelbiß
über uns sich müßte ziehen,
daß wir, Herr, durch deinen Schein
selig sein.

Erst im Kontext kommen veränderte Verse zur Geltung. Nunmehr ist die folgende Version auch im katholischen Gebet- und Gesangbuch **Gotteslob** enthalten. Bis ins 20. Jh. war dieses Lied nur in der evangelischen Tradition beheimatet.
Die aufgehende Sonne wird allegorisch auf Jesus Christus bezogen, der als Sohn Gottes die Nacht vertreiben und uns von der (Erb-) Sünde befreien soll.

Morgenglanz der Ewigkeit

1. Morgenglanz der Ewigkeit,
Licht vom unerschaffnen Lichte,
schick´ uns diese Morgenzeit
deine Strahlen zu Gesichte,
und vertreib durch deine Macht
unsre Nacht!

2. Such uns *heim* mit deiner Kraft,
o du Aufgang aus der Höh,
daß der Sünde bittre Haft
und des Zweifels Not vergehe.
Gib uns Trost und Zuversicht durch dein Licht.

Die Erweiterung:

3. Birg in deiner treuen Hut
alle, die den Tag erleben,
schenke den Verzagten Mut,
daß sie sich gestärkt erheben,
deinem Licht entgegenschauen und vertrauen.

4. Licht, das keinen Abend kennt,
leucht uns, bis der Tag sich neiget.
Christus, wenn der Himmel brennt
und dein Zeichen groß aufsteiget,
führ uns *heim* aus dem Gericht in dein Licht.

Zu einer Melodie des 14. Jh. **von Seckau** wurde ein Kirchenlied gedichtet, das in der weihnachtlichen Zeit gesungen und durch die Aufnahme in „**Gotteslob**" auch weiterhin gesungen wird.

1. **Singen wir mit Fröhlichkeit**,
loben Gott in Ewigkeit,
seinen Sohn gibt er uns heut:

Die Strophen (2 – 4) sind erst im 20. Jh. entstanden. Hier nur eine in voller Länge:

1. Erschienen ist, den uns geborn Maria.
Nun erfüllt sich, was verkündet Gabriel.
Eja, eja, eine Jungfrau wunderbar
Gott den Heiland uns gebar nach ewgem Rat.
(A) Heut, ja heut erschienen ist,
erschienen ist der Christenheit Gottes Sohn,
den loben wir in Ewigkeit.

2. Freue dich, Jerusalem,
Licht strahlt auf in Bethlehem,
wie verheißen ehedem:

3. Zion, preis den Herren dein,
der uns macht von Sünden rein
und der Menschen Heil will sein:

4. Der im Himmelreich regiert,
kam zu uns als guter Hirt,
heimzuführn, was sich verirrt:

Auch wenn das Kirchenjahr mit dem kalendarischen nicht übereinstimmt, so überging die Kirche die Jahreswende keineswegs. Diese Zeit wurde auch als Gelegenheit zur Rückschau auf das menschliche Leben genutzt. Von **Eleonore Fürstin Reuß** stammt der folgende Text (1857), der nach den Beschlüssen des Deutschen Evangelischen Kirchenausschusses auch die Aufnahme ins Evangelische Gesangbuch für das Rheinland und Westfalen gefunden hat.
Die Dichterin spricht da vom *Heimatrecht.*

Das Jahr geht still zu Ende

1. Das Jahr geht still zu Ende
nun sei auch still mein Herz.
In Gottes treue Hände
leg ich nun Freud' und Schmerz,
und was dies Jahr umschlossen,
was Gott der Herr nur weiß,
die Tränen, die geflossen,
die Wunden brennend heiß.

2. Warum es so viel Leiden,
so kurzes Glück nur gibt?
Warum denn immer scheiden,
wo wir so sehr geliebt?
So manches Aug´ gebrochen,
und mancher Mund nun stumm,
der erst noch hold gesprochen –
du armes Herz, warum?

3. Daß nicht vergessen werde,
was man so gern vergißt:
daß diese arme Erde
nicht unsre *Heimat* ist.
Es hat der Herr uns allen,
die wir auf ihn getauft,
in Zions goldnen Hallen
ein *Heimatrecht* erkauft.

4. Hier gehen wir und streuen
die Tränensaat ins Feld,
dort werden wir uns freuen
im sel´gen Himmelszelt.
Wir sehnen uns hienieden
dorthin ins Vaterhaus
und wissen´s, die geschieden,
sie ruhen dort schon aus.

5. O das ist sichres Gehen
durch diese Erdenzeit;
nur immer vorwärts sehen
mit sel´ger Freudigkeit:
wird uns durch Grabeshügel
der klare Blick verbaut,

Herr, gib der Seele Flügel,
daß sie hinüberschaut.

6. Hilf du uns durch die Zeiten
Und mache fest das Herz,
geh selber uns zur Seiten
und führ uns *heimatwärts.*
Und ist es uns hienieden
so öde, so allein,
o laß in deinem Frieden
uns hier schon selig sein.

Für **Johann Sebastian Bach** (1685-1750) war Musik Gottesdienst.
Über seine Werke schrieb er stets.

„Gott allein zur Ehre“

Folgender Text von **J. S. Bach** ist dem Gesangbuch „Geistliche Lieder und Arien von Schemellis“ entnommen:

Schaff´s mit mir, nach deinem Willen;

Es bleibt dir alles *heimgestellt,*
Du wirst mein´ Wünschen so erfüllen,
wie´s deiner Weisheit wohlgefällt.
Du bist mein Vater,
du wirst mich versorgen,
darauf hoffe ich!

Die Verehrung des Herzen Jesu war in vergangenen Jahrhunderten nicht nur eine weit verbreitete Praxis, sondern ein Anliegen der Gemeinden. Der erste Freitag im Monat galt als Herz-Jesu-Freitag. Nicht nur spezielle Gebete, sondern auch Lieder gab es zu diesem Anlaß.

Tausendmal ich Dich begrüße

1.Tausendmal ich dich begrüße,
liebevolles Jesuherz!
Ach, durch Deines Herzens Süße
lindre, Jesus, meinen Schmerz!
Wohl hat glücklich einst getroffen
Jesu Herz des Leidens Speer,
denn nun steht´s voll Gnade offen,
schließet sich uns nimmermehr.

2. O verlorne Adamskinder,
schöpfet wieder frohen Mut,
denn es gibt für alle Sünder
Jesu Herz Sein teures Blut!
Aus dem Herzen Jesu rinnen
Blut und Wassergüss´ herab,
unsre Seelen zu gewinnen,
unsre Schuld zu waschen ab.

3. Soll ich Schmerz und Weh ertragen,
stößt mir schweres Leiden zu,
wird´ ich dennoch nicht verzagen:
Jesu Herz gibt Trost und Ruh´.
Droht ob meiner vielen Sünden
mir des Richters Rächerschwert:

ach, wo soll ich Zuflucht finden,
wenn dies Herz sie nicht gewährt?

4. O so sei denn stets gepriesen,
Jesu Herz, Du teurer Hort!
Lob und Ehr´ sei Dir erwiesen,
Du, der Seelen Zufluchtsort!
In Dir will ich mich verschließen,
Du sollst meine *Heimat* sein,
will hienieden in Dir büßen,
in Dir ewig mich erfreun.

Matthias Claudius mißt dem Ostergeschehen etwas Geheimnisvolles bei.

Osterlied

1. Das Grab ist leer, das Grab ist leer!
Erstanden ist der Held!
Das Leben ist des Todes Herr.
Gerettet ist die Welt!
Gerettet ist die Welt!

2. Die Schriftgelehrten hatten´s Müh´,
Und wollten weise sein;
Sie hüteten das Grab, und sie
Versiegelten den Stein,
Versiegelten den Stein.

3. Doch ihre Weisheit, ihre List
Zu Spott´ und Schande ward;
Denn Gottes Weisheit höher ist

Und einer anderen Art,
Und einer anderen Art.

4. Sie kannten nicht den Weg, den Gott
In seinen Werken geht;
Und daß nach Marter und nach Tod
Das Leben aufersteht,
Das Leben aufersteht.

5. Gott gab der Welt, wie Moses lehrt,
Im Paradies sein Wort;
Und seitdem ging es ungestört
Im stillen *heimlich* fort,
Im stillen *heimlich* fort.

6. Bis daß die Zeit erfüllet war
Die Himmel fei´rten schon,
Da kam´s zutage, da gebar
Die Jungfrau ihren Sohn,
Die Jungfrau ihren Sohn.

7. Den Seligmacher. Hoch und hehr,
Und Gottes Wesens voll
Ging er in Knechtsgestalt einher,
Tat Wunder und tat wohl,
Tat Wunder und tat wohl;

8. Und ward begraben, und beweint,
Als sei er tot, allein
Er lebt, nun Gott und Mensch vereint,
Und alle Macht ist sein,
Und alle Macht ist sein.

9. Halleluja“ das Grab ist leer!
Gerettet ist die Welt,
Das Leben ist des Todes Herr!
Erstanden ist der Held!
Erstanden ist der Held!

In der katholischen Kirche war in der Osterzeit folgendes Gebet üblich:

Lasset uns beten

Herr Jesus Christus, dankbar bekennen wir:
Du bist mitten unter uns.
Wir bitten dich,
bleibe bei uns;
bleibe bei uns mit deiner Gnade und Güte,
mit deinem Trost und Segen.
Bleibe bei uns,
wenn der Abend des Lebens kommt.
Sei uns Licht und Speise
auf dem Weg in die *ewige Heimat.*
Du bist König in Ewigkeit.
Amen.

Auch in Liedern und Gebeten zum Heiligen Geist wird auf eine Verbindung zwischen *irdischer* und *himmlischer Heimat* hingewiesen.

In einem Pfingstlied aus dem 13. Jh. **von Berthold von Regensburg zum Hl. Geist** heißt es:

1. **Nun bitten wir den Heiligen Geist**
um den rechten Glauben allermeist;
daß er uns behüte an unserm Ende,
wenn wir *heimfahren* aus diesem Elende.
Kyrieleis!

Im 16. Jh. wurde das obige Lied von **Michael Vehe** erweitert.

5. Erleuchte uns, o ewiges Licht; hilf,
daß alles, was durch uns geschieht,
Gott sei wohlgefällig durch Jesum Christum,
der uns macht heilig durch sein Priestertum,
Kyrieleis!

Nicht nur am Fronleichnamsfest wurde und wird weiterhin folgendes Lied gesungen, aber auch bei der Aussetzung des Allerheiligsten am Altare.

Liebe, hier sind deine Höhen

1. Liebe, hier sind deine Höhen,
hier glüht deine vollste Glut.
Hier lern ich dich ganz verstehen,
Jesus, ewig höchstes Gut.
Möge jedes Herz dir schlagen,
möge jeder Puls dir sagen:
Sei gelobet ohn End
im hochheil´gen Sakrament!

2. Willst nicht fern sein den Geliebten,
hüllest deine Größe ein,
den Gedrückten, den Betrübten

Linderung, Trost und Licht zu sein.
Und der Ärmste darf dir nahen,
deinen Segen zu empfangen:
Sei gelobet ohn End
im hochheiligen Sakrament.

3. Dornvoll schwer ist unsre Reise,
und der Weg zur *Heimat* weit,
darum wirst du uns zur Speise,
reich an Kraft und Seligkeit.
Um sie selig zu verklären,
soll dein Leib die Pilger nähren:
Sei gelobet ohn End
im hochheil´gen Sakrament.

4. Einmal konntest du nur bluten
an des Kreuzes heil´gem Baum;
Aber deines Herzens Gluten
ward zu klein des Kreuzes Raum;
täglich steigst du zu uns nieder,
täglich opferst du dich wieder:
Sei gelobet ohn End
im hochheiligen Sakrament.

5. Wer kann diese Tiefen sehen,
fühlen diese Allgewalt,
ohne liebend zu vergehen
und wir sind so hart, so kalt!
Ach verzeihe, laß durch Tränen,
Herz des Heilands, dich versöhnen.
Lieben woll´n wir ohn End
Dich im heil´gen Sakrament.

Ein weiteres Lied, das während er Fronleichnamsprozession, dem zweiten Donnerstag nach Pfingsten gesungen wurde, hatte der Leitmeritzer Domkapellmeister geschaffen. Es lautet:

O Engel Gottes, eilt hernieder

1. O Engel Gottes, eilt hernieder,
und stimmet ein in unsre Lieder,
der Tag ist festlich uns und euch.
Das Himmelsbrot, das wir heut ehren,
mit dem sich uns´re Seelen nähren,
dies Brot macht Mensch und Engel gleich.

2. O kommt, so wie ihr einst im Saale
bei Jesus letztem Abendmahle
erstaunungsvoll zugegen war´t.
Ihr sahet dort das Brot ihn brechen,
ihr hörtet ihn mit Liebe sprechen:
Dies nehmt vor meiner Himmelfahrt.

3. Dies ist mein Leib, für euch zum Leben
wird er im Tode dargegeben,
denkt mein, so oft ihr dieses tut,
so oft ihr dies *Geheimnis* handelt,
wird Brot und Wein, wie jetzt, verwandelt
in eures Meisters Fleisch und Blut.

4. O Abgrund unbegriffener Güte!
War´s nicht genug, in einer Hütte
für uns das Licht der Welt zu sehn
die Zeit von mehr als dreißig Jahren

verachtet, arm und in Gefahren
mit Undankbaren umzugehn?

Zu Ehren des **heiligen Joseph,** dem Schutzpatron vieler Gruppen auf Erden, gab es im Paderborner Gesangbuch folgenden Text:

Joseph, dem die höchsten Güter

1. Joseph, dem die höchsten Güter
Gott der Vater anvertraut,
des Erlösers treuer Hüter,
Bräutigam der Gottesbraut;
du, Beschirmer frommer Seelen,
die ihr Heil dir anbefehlen,
du, der Kirche Schutzpatron,
fleh für uns an Gottes Thron! –

2. Joseph, sieh von allen Seiten
wird die Braut des Herrn bedroht;
Satan und sein Anhang streiten
wider Gott und sein Gebot.
Blick, o Schutzpatron, hernieder,
schirm der Kirche Haupt und Glieder;
nimmst du die in deine Hut,
ras´t umsonst der Feinde Wut.

3. Joseph, führe die Verirrten
wieder auf den rechten Pfad,
und beschütze Herd und Hirten,
wenn Gefahr und Drangsal naht.

Schirm der Unschuld zarte Blüten,
wenn ringsum die Stürme wüten,
reich uns deine Vaterhand,
wenn wir gehen ins *Heimatland!*

Auch in einem weiteren **Josephlied** des Katholischen Diözesan-Gesangbuchs für die deutschen Pfarreien der Erzdiözese Gnesen-Posen aus dem Jahre 1904 findet sich eine Lobpreisung der Werke des St. Joseph in seiner *Heimat* Nazareth.

O Bräutigam der Himmelsbraut

1. O Bräutigam der Himmelsbraut,
von Gott für sie erkoren,
die deinem Schutze anvertraut,
den Heiland uns geboren:
Nun schaust du sie bei ihrem Sohn,
geschmückt mit Szepter und mit Kron,
Sanct Joseph, uns geleite,
steh hilfreich uns zur Seite. –

2. Nach Bethlehem, der Königsstadt,
die Jungfrau hast geleitet.
Ach, Davids Stadt nicht Herberg´ hat
dem edlen Sproß bereitet.
Bereite, Herr, mein Herz für dich
und vor Gefahren schütze mich.
Sanct Joseph, mich geleite,
stets hilfreich mir zur Seite. –

3. Herodes suchet zornentbrannt
des Kindes Tod; du fliehest
auf Engelsrat in fernes Land,
dem Dolch das Kind entziehest.
In Not, Gefahr und Traurigkeit,
sei auch zu unsrer Hilf bereit.
Sanct Joseph, und geleite,
steh hilfreich uns zur Seite. –

4. In Nazareth, dem *Heimatland*,
der Heiland weilt verborgen.
Dort trugest du mit treuer Hand
der Arbeit Müh und Sorgen.
Dir will ich meine Arbeit weih´n,
laß, Jesu, sie gesegnet sein.
Sanct Joseph, mich geleite,
steh hilfreich mir zur Seite. –

5. Gedenk, o heil´ger Schutzpatron,
wie zärtlich du umfangen
mit deinen Armen Gottes Sohn,
der sünd´gen Welt Verlangen,
wend auch zu mir der Liebe Blick,
ruf meine Seel´ zu Gott zurück.
Sanct Joseph, mich geleite,
steh hilfreich mir zur Seite. –

6. Als Gott dich rief aus Erdenpein
zum bessern, ew´gen Leben,
hat Jesus und Maria rein
dich liebevoll umgeben.
Mit ihnen steh auch du mir bei,
im bittern Tod Patron mir sei.

Sanct Joseph, mich geleite,
steh hilfreich mir zur Seite. –

7. O Schutz und Zier und Zuversicht
der Kirche, die dich ehret,
o Gnadenschatz, o Tugendlicht,
das Gottes Kirche mehret!
Das Schiff der Kirche treu geleit,
ihr Schutzpatron, zur Ewigkeit.
Sanct Joseph, sie geleite,
steh hilfreich ihr zur Seite. -

Die Vorbereitung auf Weihnachten gab schon nach dem Ersten Weltkrieg Anlaß zur Sorge, daß das Fest rein äußerlich, also oberflächlich gestaltet und dadurch die Tiefe des Geheimnisses der Heiligen Nacht nicht erkannt werde.
Die in Böhmen (Pilsen) geborene Dichterin **Gertrud Fussenegger** hat in den 1930er Jahren versucht, zu einer neuen Betrachtung des Kommens Christi in diese Welt zu ermuntern. Sie vertrat die Auffassung, dieses Ereignis sei als neue selige Ankunft zu verstehen und zu feiern. Hier ist nun einer ihrer Texte, in dem sie ein sprachlich verwandtes Wort mit dem Grundbegriff verwendet hat.

Ich will euch sagen wozu

1. Ich will euch sagen wozu
wir Weihnachten feiern wozu

wir diese Tage mit Licht und Lametta
behängen
wozu
der Jahrmarkt ist auf dem Platz draußen
in Häusern Herzen und Kinderwünschen.

2. Glaubt mir die Antwort
fällt mir nicht leicht ich muß sie holen
aus Schweigen Dunkel dem eigenen Zweifel
der Weg um diese Antwort ist weit.
Ich hole sie - eine dunkle Frucht
vom Baum der Angst aus Dornenzweig
noch weiß ich nicht
schmeckt sie süß oder bitter.

3. Doch wenn das Kind
nicht geboren wäre für uns
das eine.
Im Stall weil seine Eltern
keine Herberge fanden
denn die Macht trieb sie aus
zur Zählung
Millionen
zwang sie wandern
landein landaus barhaupt und unbeschuht.

4. Wenn also das Kind nicht geboren wäre für uns
wie wagten wir selbst
Heimatlose zu sein und unterwegs
zwischen den Zeiten
Suchende unbehaust
unter den Sternen.

Im Gebet legten Menschen stets Zeugnis ihres Glaubens ab, so auch der österreichische Schriftsteller und Lyriker **Franz Werfel**:

Die Heimkunft des Heilandes

1. Niemals wieder will ich
eines Menschen Antlitz verlachen.
Niemals wieder will ich
eines Menschen Wesen richten.
Wohl gibt es Kannibalen-Stirnen.
Wohl gibt es Kuppler-Augen.
Wohl gibt es Vielfraß-Lippen.

2. Aber plötzlich
aus der dumpfen Rede
der leichthin Gerichteten,
aus einem hilflosen Schulterzucken
wehte mir zarter Lindenduft
unserer fernen seligen *Heimat*,
und ich bereute gerissenes Urteil.

3. Noch im schlammigsten Antlitz
harret das Gott-Licht seiner Entfaltung.
Die gierigen Herzen greifen noch Kot –
aber in jedem
geborenen Menschen
ist mir die *Heimkunft* des Heilands verheißen.

4. Wie sind wir alle Fremde doch!
Wie unterm letzten Hemde noch
die Schattengreise im Spital

sich hassen bis zum letzten Mal
und jeder, eh´ er ostwärts mündet,
allein sein Abendlicht entzündet.

5. So sind wir eitel eingespannt
und hocken bös an unserm Rand
und morden uns an jedem Tisch.
Komm, Heiliger Geist, Du schöpferisch,
aus uns empor mit tausend Flügen!
Zerbrich das Eis in unsern Zügen! ...

Ein weiterer österreichischer Erzähler und Lyriker, **Stefan Zweig**, schwebt zunächst über das verwandelbare Irdische hin zum Grenzenlosen.

Daß ich mich in Gluten klärte

1. Träumerisch ins Abendwerden
lehnt sich langsam Haus an Haus.
Asche dunkelt auf den Herden
und löscht letztes Fünkchen aus.

2. Alles rinnt in Nacht zusammen.
Nur von jenen Dächern bebt
noch ein Mähnen an die Flammen,
Rauch, der steil zur Höhe strebt.

3. Seiner Glut nicht mehr gehörend
und von ihr doch hoch gewellt,
sich in seinem Flug verzehrend
und schon Wolken zugesellt.

4. Eine sanfte, wunderbare
Schwebe ohne Schwergewicht,
steigt er silbern in das klare,
ruhevolle Sternenlicht.

5. Ist nicht, was ich dumpf begehrte,
seines Wesens tiefster Sinn,
daß ich mich in Gluten klärte
und dann zu den Sternen hin.

6. Aus dem Dunkle in die Helle
Schlacke nicht und nicht mehr Glut,
heimwärts wehte in der Welle
grenzenloser Lebensflut?

Oft klingt die Sehnsucht des Menschen nach Frieden an, gleichzeitig kommen ihm aber auch Zweifel auf, ob dieser hier auf Erden zu erreichen sei.
Gottlieb Stein brachte seine Gedanken und Visionen von einer „ewgen H e i m a t" 1972 in einem Gedicht zum Ausdruck.

Wo ist Frieden?

Zeig mir die Welt, wo Menschen friedlich leben,
in Lieb´ und Eintracht zueinander stehn,
niemals dem Hader Raum und Weile geben,
zu aller Zeit vereint durchs Leben gehen.

Sag mir, wo finde ich die Welt der guten Taten,
wo jeder seines Nächsten Bruder ist,
wo Feindschaft niemals eine Bleibe hatte
und niemand kennet Bruderhaß und Zwist.

Nenn mir die Stätte, wo der Friede wohnet,
zeig mir den Ort, an dem die Sonne scheint,
sag mir, wo man den Glauben lohnet,
wo man in Leid und Freud gemeinsam lacht und weint.

Wer kann aus dieser Welt den Weg uns weisen,
zur Welt, wo Frieden unter allen sei
und alle Kreatur die Allmacht preiset,
Herr, nimm uns auf, Herr, mach uns frei.

O, führ mich heut noch hin, zu diesem Orte,
ich reich dir meine Hand und folge dir
und ich vertraue jedem deiner Worte
und bitte, zeige mir dahin die richtige Tür.

Zur ewgen H e i m a t, die uns niemand raubet,
in der wir Freunde sind und stets vereint,
in Frieden, Freiheit und im festen Glauben,
in der die Sonne scheint und niemand weint.

Im ökumenischen Abendgebet am 29. März 2007 in der Frauenkirche zu Dresden erklang folgender Text, der für den ökumenischen Kreuzweg der Jugend 1999 entstanden war.
Ein tiefes Flehen nach irdischer Geborgenheit geht mit der eindringlichen Bitte nach Heimat einher.

Meine engen Grenzen

Meine engen Grenzen, meine kurze Sicht,
bringe ich vor dich.
Wandle sie in Weite, Herr, erbarme dich.
Wandle sie in Weite, Herr, erbarme dich.

Meine ganze Ohnmacht, was mich beugt und lähmt,
bringe ich vor dich.
Wandle sie in Stärke. Herr, erbarme dich.

Mein verlornes Zutrauen, meine Ängstlichkeit,
bringe ich vor dich.
Wandle sie in Wärme. Herr, erbarme dich.

Meine tiefe Sehnsucht nach Geborgenheit,
bringe ich vor dich.
Wandle sie in *Heimat.* Herr, erbarme dich.

In einem modernen Psalm heißt es u. a.

„Ich stehe unter Gottes Schutz
Ich weiß das seit geraumer Zeit
Er nahm den Gram und das Bittere aus meinem Wesen
Und machte mich fröhlich
Und ich will hingehen
Alle anzustecken mit Freude und Freundlichkeit
Auf daß die Erde *Heimat* wird für alle Welt:
Durch seinen Frieden
Und unseren Glauben
Schalom in Dorf und Stadt."

Gottvertrauen

Unter Glauben verstehe ich nicht nur das intellektuelle Bejahen der christlichen Dogmen, sondern einen viel umfassenderen Glauben an Gott, der mit allem durchzogen ist, was das Wissen um dieses anbetungswürdige Wesen in uns an Vertrauen auf seine fürsorgende Kraft zu erwecken vermag.
Würden wir nicht glauben, so verschlingen uns die `Wellen´ unserer Zeit. Die Menschheit hat auch in vergangenen Zeiten, nicht nur in Grenzsituationen auf eine immerwährende Weltbetrachtung gesetzt, auf daß die Kräfte der Natur im Glauben an Gott belebt würden. Unter dem Einfluß unseres Glaubens kann das Weltall geschmeidig werden, sich gewissermaßen beseelen. Der Bezug zum Evangelium bleibt auferlegt.
Verschiedentlich äußerten sich Menschen über ihr Verhältnis zu Gott.

Adam Reußner (1496-1575) brachte seine Zuversicht, von Gott nicht verlassen zu werden, im folgenden Text zum Ausdruck:

In dich hab ich gehoffet

1. In dich hab ich gehoffet, Herr; hilf,
daß ich nicht zuschaden wird,
noch ewiglich zu Spotte.
Das bitt ich dich,
erhalte mich in dir,
dem treuen Gotte.

2. Dein gnädig Ohr neig her zu mir,
erhör mein Bitt,
tu dich herfür, eil,
bald mich zu erretten.
In Angst und Weh ich lieg und steh;
Hilf mir in meinen Nöten.

3. Mein Gott und Schirmer,
steh mir bei,
sei mir ein´ Burg,
darin ich frei und ritterlich mög´ streiten,
ob mich gar sehr der Feinde Heer
Ansicht auf beiden Seiten.

4. Du bist mein Stärk, mein Fels, mein Hort,
mein Schild, mein Kraft, sagt mir dein Wort,
mein Hilf, mein Heil, mein Leben,
mein starker Gott in aller Not:
wer mag mir widerstreben?

5. Mir hat die Welt trüglich gericht´t
mit Lügen und falschem Gedicht
viel Netz und *heimlich* Stricke;
Herr, nimm mein wahr in dieser G´fahr,
b´hüt mich vor falscher Tücke.

6. Herr, meinen Geist befehl ich dir;
mein Gott, mein Gott, weich nicht von mir;
nimm mich in deine Hände.
O wahrer Gott, aus aller Not
hilf mir am letzten Ende.

7. Lob, Preis und Ehr und Herrlichkeit
sei Vater, Sohn und Geist bereit,
Lob seinem heilgen Namen.
Die göttlich Kraft mach uns sieghaft
durch Jesum Christum. Amen

Von großem Gottvertrauen zeugt auch der Psalm von **Conrad Hagius**(1550-1616):

Wer heimlich seine Wohnestatt

1. Wer *heimlich* seine Wohnestatt
im Schutz des Allerhöchsten hat,
der bleibet sicher ohn Gefahr
in Gottes Schatten immerdar.
Er spricht zum Herren wohlgemut:
du bist mein Trost und Hoffnung gut,
mein Hort, mein lieber Herr und Gott,
dem will ich trauen in der Not.

2. Er weiß ja, daß zu jeder Frist
der Herr sein Heil und Hoffen ist.
Gleich einem Schild zu starker Wehr
steht Gottes Treue um ihn her.
Kein Übel, jäh und unversehn,
wird dräuend ihm entgegenstehn,
kein Unheil, das im Finstern schleicht,
kein nächtlich Grauen ihn erreicht.

3. Denn Gott nach seinem hohen Rat
befohlen seinen Engeln hat,

daß auf dem Wege treu und gut
der Fromme sei in sich´rer Hut,
der Herr läßt ihn nach seinem Sinn
auf Engelhänden tragen hin,
daß nicht sein Fuß an einen Stein
anstoße und verletzt mög sein.

4. Ich will, spricht Gott, ihm helfen aus
und segnen *Heimat* ihm und Haus,
denn er, der meinen Namen kennt,
mich nicht vergeblich Vater nennt.
Sein Leben steh ich Ehre da,
in jeder Not bin ich ihm nah,
mein Auge bleibt ihm zugewandt,
und Heil geb ich in seine Hand.

Die innere Unruhe und die Unvorhersehbarkeiten des Lebens gefährdeten manch´ Seele.
Die Sehnsucht nach Klärung vieler Fragen des lyrischen Ichs wird im folgenden Text nur halb beantwortet. **Georg Philipp Schmidt von Lübeck** (1766-1849) brachte nicht nur Fragen in sein Gedicht ein, um deren Beantwortung er bemüht war.
Der Text wurde von **Franz Peter Schubert** (1797-1828) vertont.

Des Fremdlings Abendlied

Ich komme vom Gebirge her,
Die Dämmerung liegt auf Wald und Meer;
Ich schaue nach dem Abendstern,
Die *Heimath* ist so fern, so fern.

Es spannt die Nacht ihr blaues Zelt
Hoch über Gottes weite Welt,
Die Welt so voll und ich allein,
Die Welt so groß und ich so klein.

Sie wohnen unten Haus bei Haus,
Und gehen friedlich ein und aus;
Doch ach, des Fremdlings Wanderstab
Geht landhinauf und landhinab.

Es scheint in manches liebe Thal
Der Morgen- und der Abend-Strahl,
Ich wandle still und wenig froh,
Und immer fragt der Seufzer: wo?

Die Sonne dünkt mich matt und kalt,
Die Blüthe welk, das Leben alt,
Und was sie reden, tauber Schall,
Ich bin ein Fremdling überall.

Wo bist du, mein gelobtes Land,
Gesucht, geahnt und nie gekannt?
Das Land, das Land, so hoffnungsgrün,
Das Land, wo meine Rosen blüh´n?

Wo meine Träume wandeln gehen,
Wo meine Todten auferstehn;
Das Land, das meine Sprache spricht,
Und Alles hat, was mir gebricht?

Ich übersinne Zeit und Raum,
Ich frage leise Blum´ und Baum;

Es bringt die Luft den Hauch zurück:
„Da, wo du nicht bist, ist das Glück!“

Nach der Melodie von **Philipp Nicolai**
„Wie schön leuchtet der Morgenstern“
wurde der 1834 verfaßte Text gesungen:

Uns, die Gebundenen, zu befreien

1. Uns, die Gebundenen, zu befreien,
der Unheilbaren Heil zu sein,
ist er herabgekommen.
All unsere Schuld und Not und Qual
hat er aus Lieb und freier Wahl
von uns auf sich genommen.
Müden Frieden und Elenden Heil zu senden,
stieg er nieder, brachte das Verlorene wieder.

2. Der einst im Fleisch auf Erden war,
ist auch noch heute unsichtbar
allwaltend hier zugegen.
Er nimmt sich unsrer Schwachheit an;
wenn wir den steilen Pfad
hinan zu klimmen nicht vermögen,
trägt er, pflegt er, die erliegen,
gibt zum Siegen Mut und Stärke,
Geist, zu wirken Gottes Werke.

3. Zu Gottes Ruhm hat er´s vollbracht.
Wo ist, o Tod, nun deine Macht?
Wo ist dein Sieg, o Hölle?
Wie weit uns auch der Sturm verschlägt,

ans *heimatliche* Ufer trägt
uns doch die letzte Welle.
Fröhlich selig auch in Leiden sind wir,
scheiden voll Vertrauen, ihn dort,
wie er ist, zu schauen.

Nach der Weise „Was Gott tut, das ist wohlgetan“ von **Severus Gastorius** (1681) ist später ein Text - gedichtet von **Philipp Friedrich Hiller** (1699 - 1769), gesungen worden.

Wir warten dein, o Gottes Sohn,

1. Wir warten dein, o Gottes Sohn,
und lieben dein Erscheinen.
Wir wissen dich auf deinem Thron
und nennen uns die Deinen.
Wer an dich glaubt, erhebt sein Haupt
und siehet dir entgegen:
du kommst uns ja zum Segen.

2. Wir warten deiner mit Geduld
in unsern Leidenstagen;
wir trösten uns, daß du die Schuld
am Kreuz hast abgetragen;
so können wir nun gern mit dir
uns auch zum Kreuz bequemen,
bis du es weg wirst nehmen.

3. Wir warten dein, du hast uns ja
das Herz schon hingenommen.

Du bist uns zwar im Geiste nah,
doch sollst du sichtbar kommen;
da willst uns du bei dir auch Ruh,
bei dir auch Freude geben,
bei dir ein herrlich Leben.

4. Wir warten dein, du kommst gewiß,
die Zeit ist bald vergangen,
wir freuen uns schon über dies
mit kindlichem Verlangen.
Was wird geschehn, wann wir dich sehn,
wann du uns *heim* wirst bringen,
wann wir dir ewig singen?

Zeugnis vom besonderen Gottvertrauen legte der geistliche Liederdichter **Karl Johann Philipp Spitta** (1801-1859) ab. Ermutigend klingt der Inhalt seiner Verse in:

Kehre wieder!

1. Kehre wieder, kehre wieder,
der du dich verloren hast;
sinke reuig bittend nieder
vor dem Herrn mit deiner Last!
Wie du bist, so darfst du kommen
und wirst gnädig aufgenommen.
Sieh, der Herr kommt dir entgegen,
und sein heil´ges Wort verspricht
dir Vergebung, Heil und Segen;
kehre wieder, zaudre nicht!

2. Kehre aus der Welt Zerstreuung
in die Einsamkeit zurück,
wo in geistiger Erneuung
deiner harrt ein neues Glück,
wo sich bald die Stürme legen,
die das Herz so wild bewegen,
wo des heil´gen Geistes Mahnen
du mit stillem Beben hörst.
und von neuem zu den Fahnen
Jesu Christi heilig schwörst!

3. Kehre wieder, irre Seele!
Deines Gottes treues Herz
beut Vergebung deinem fehle,
Balsam für den Sündenschmerz.
Sieh auf den, der voll Erbarmen
dir mit ausgestreckten Armen
winket von dem Kreuzesstamme;
kehre wieder, fürchte nicht,
daß der Gnäd´ge dich verdamme,
dem sein Herz vor Liebe bricht!

4. Kehre wieder! Neues Leben
trinkt in seiner Liebeshuld;
bei dem Herrn ist viel Vergeben,
große Langmut und Geduld.
Faß ein Herz zu seinem Herzen,
er hat Trost für alle Schmerzen.
Er kann alle Wunden heilen,
macht von allem Aussatz rein.
Darum kehre ohne Weilen
zu ihm um und bei ihm ein!

5. Kehre wieder, endlich kehre
in der Liebe *Heimat* ein,
in die Fülle aus der Leere,
in das Wesen aus dem Schein,
aus der Lüge in die Wahrheit,
aus dem Dunkel in die Klarheit,
aus dem Tode in das Leben,
aus der Welt ins Himmelreich!
Doch, was Gott dir heut´ will geben,
nimm auch heute, – kehre gleich!

„...und wandern ohne Ruh“ -

Wallfahrts- und Pilgerlieder

Das Leben der Menschen auf Erden war bereits in vielen Epochen als Pilgerschaft aufgefaßt worden. Nach diesem irdischen Leben erwartet den Gläubigen die selige *Heimat.*

Sigmund von Birken (1626-1681) sprach davon, daß die Erde nicht des Menschen *Heimat* sei.
In einem seiner zahlreichen Gedichte bringt er dies auch zum Ausdruck.

Pilgerlied

Ziehet hin! Spricht zu den Seelen,
Der dem Adam Odem gab.
„Geht, ihr Kinder, in die Höhlen,
Die Ich euch gebauet hab!
Wandert hin! Kommt wieder her!
Sucht durch Elend Sternenehr´!“

Unser Gasthaus ist die Erde
Sie ist unsre *Heimath* nicht.
Unser Wallen voll Beschwerde
Nach dem Himmel ist gericht´!
Für uns ist kein Bleiben hier,
Jene Wohnstatt suchen wir.

Wie wurde ein Tag des Lebens im 17. Jh. gesehen? Ein Gedicht von **Gerhard Tersteegen** gibt Antwort darauf:

Ein Tag

Ein Tag, der sagt dem andern,
mein Leben sei ein Wandern
zur großen Ewigkeit.
O Ewigkeit, so schöne,
mein Herz an dich gewöhne
mein *Heim* ist nicht von dieser Zeit.

Das irdische Leben wurde oft als Wanderschaft gesehen. Auch der Dichter **Friedrich von Schlegel** (1772-1829) vertrat diese Auffassung.
Franz Peter Schubert (1797-1828) vertonte später dieses Gedicht.

Der Wanderer

Wie deutlich des Mondes Licht
zu mir spricht,
mich sehnend zu der Reise;
„Folge treu dem alten Gleise,
wähle keine *Heimat* nicht.
Ew´ge Plage
bringen sonst die schweren Tage;
fort zu andern
sollst du wechseln, sollst du wandern,
leicht entfliehend jeder Klage.“
Sanfte Ebb´ und hohe Flut,
tief im Mut,
wandr´ ich so im Dunklen weiter,

steige mutig, singe heiter,
und die Welt erscheint mir gut.
Alles Reine
seh ich mild im Widerschein,
nichts verworren
in des Tages Glut verdorren:
Froh umgeben, doch alleine.

Konrad Bodenbender (1823-1897) dichtete folgendes christliche Lied.

Die Pilger zur Heimat der Seligen ziehn

1. Die Pilger zur *Heimat* der Seligen ziehn,
wo Tränen nie werden geweint;
wo himmlische Rosen unsterblich erblühn,
weil da Jesus als Sonne stets scheint.
Keine Nacht kann da sein,
keine Nacht kann da sein,
weil da Jesus als Sonne stets scheint,
weil da Jesus als Sonne stets scheint.

2. Dort gibt es kein Leiden, noch Jammer, noch Schmerz;
von Todeshauch ist keine Spur.
Dort gibt es kein Scheiden, kein brechendes Herz,
nein, nur Wonne auf himmlischer Flur.
Keine Nacht...

3. O selige *Heimat*, bald bist du erreicht!
Der Tabor von ferne schon winkt,
wo das Loblied des Lammes auf ewig nicht schweigt,

wo es immer entzückend erklingt.
Keine Nacht...

4. Wo selige Scharen am Lebensstrom stehn,
wo Sünden in Jesu Blut rein,
und alle die Herrlichkeit Gottes nur sehn,
wo kein Nachten noch Sterben wird sein.
Keine Nacht...

5. Ins Lebensbuch Gott sie mit Jesu Blut schrieb,
erhob sie zum göttlichen Stand.
Er trocknet die Tränen so hold und so lieb
in der *Heimat* mit zärtlicher Hand.
Keine Nacht...

Karl Friedrich Paulus (1843-1893) ist Verfasser des folgenden Pilgerschaftsliedes:

Heimatland, Heimatland

1. *Heimatland, Heimatland,*
o, wie schön bist du!
Herzinnig sehn ich mich nach dir
und deiner sel´gen Ruh´.
Die Welt ist meine *Heimat* nicht,
mein Herze ist nicht hier;
Heimat überm Himmelszelt,
mein Herze ist bei dir!
Chor: „*Heimatland*“ usw.

2. Himmelwärts, himmelwärts
richt´ ich meinen Blick.

Dort sind schon meiner Lieben viel
und ich bin noch zurück.
Der Kampf ist heiß, die Tage schwül
in dieser argen Welt:
Zu eng wird mir´s im Weltgewühl,
zu eng im Wanderzelt.
Chor: „Himmelwärts" usw.

3. Doch nicht lang, nicht mehr lang
währt die Prüfungszeit,
und dann wird mir im Vaterhaus
die ew´ge Seligkeit.
Was nie ein menschlich Ohr gehört
und noch kein Aug´ gesehn,
ja, mehr als je ein Mensch gedacht,
wird dort an mir gescheh´n.
Chor: „Doch nicht lang" usw.

Von R. Lowy (1826-1899) stammt ein Pilgerschaftslied unter dem Titel:

Heim, Heim, himmlische Heimat

1. *Heim*, *Heim*, himmlische *Heimat*,
dir, dir eile ich zu!
Dort, dort thronet mein Heiland,
herrliche Stätte der Ruh.
Chor:
Heim, *Heim*, süßes *Heim!*
Himmlisches, Stätte der Ruh´!
Heim, *Heim*, süßes *Heim!*
Himmlisches, Stätte der Ruh´!

2. *Heim, Heim,* wann wird ich´s schauen,
frei, frei, frei aller Pein?
Wann, wann endet mein Wallen,
wann, geh ich selig dort ein?

3. Lang, lang währt schon mein Pilgern;
fern, fern scheint noch das Ziel;
doch, doch ich komm´ ihm näher,
Herz, halt dem Heiland nur still!

4. *Heim, heim,* himmlische *Heimat,*
preist, preist, lobet den Herrn!
Bald, bald holt mich mein Jesus,
hoffnungsvoll strahlt mir sein Stern.

Die Sehnsucht nach der himmlischen Heimat klingt aus einem anderen Pilgerschaftslied an.

Meine Heimat ist dort in der Höh

1. Meine *Heimat* ist dort in der Höh,
wo man nichts weiß von Trübsal und Weh,
wo die heilge unzählbare Schar
jubelnd preiset das Lamm immerdar.
In der Höh, in der Höh,
meine *Heimat* ist dort in der Höh.

2. Viel Geliebte sind dort in der Höh,
wo ich sie einst verklärt wieder seh,
und dann bleiben wir immer vereint
dort, wo ewig die Sonne uns scheint.
In der Höh…

3. Herr, ich freu mich, bis dort in der Höh,
ich vor dir, meinem Heilande, steh,
zieh mich dir nach, daß wo du nun bist,
auf dein Wort hin dein Diener auch ist.
In der Höh…

4. Ja, bald werd ich dort sein in der Höh!
O mein Jesu, um eines ich fleh,
bring die meinen doch alle mit mir
zu der himmlischen *Heimat* zu dir.
In der Höh…

Der Autor **John R. Sweney** (1837-1899) dichtete auch ein Pilgerschaftslied, in dem der Weg zur himmlischen *Heimat* skizziert wird.

Eilet fort, denn die Zeit unsres Lebens vergeht

1. Eilet fort, denn die Zeit unsres Lebens vergeht;
schnell fliehet sie dahin.
Eilet fort auf der Bahn, die zum Himmel eingeht,
folgt treulich Jesu Sinn!
Chor:
Kommt, Brüder, kommt, wir eilen fort
der *Heimat* droben zu!
O sehet ihr nicht den schönen Himmelsort
dort in der ew´gen Ruh?

2. Kämpfet treu allezeit für den Herrn und sein Wort
den guten Glaubenskampf;
Gott wird reichlich es lohnen im Himmelreich dort.

Wir ernten dann Triumph!
Chor:

3. Eilet fort, und verwertet die köstliche Zeit,
schafft euer Seelenheil!
Dann wird euch nach dem Leben der Trübsal und Leid
Frieden und Ruh´ zuteil.
Chor:

4. O wie herrlich wird´s sein,
wenn am kristallnen Meer,
wo nie das Auge bricht,
wir Heiland dann sehen, so heilig und hehr,
im schönen Himmelslicht!
Chor:

Den Schlesiern war und ist ein Wallfahrtslied zu Ehren der heiligen Hedwig besonders wichtig. Es wurde und wird auch weiterhin in Trebnitz, der Ruhestätte der Heiligen, gesungen, aber auch anderswo, wo die Heilige insbesondere von Schlesiern verehrt wird. Im Laufe der Jahrhunderte entstanden zahlreiche Gedichte und Lieder zu Ehren der schlesischen Landespatronin.

Jetzt, Christen, stimmet an,

1. Jetzt, Christen, stimmet an,
laßt steigen himmelan
den heil´gen Lobgesang
voll Freud und Herzensdank:
O Sankt Hedwig!

2. Du Fürstin, hoch und hehr,
der Frauen Zier und Ehr!
Rose voll Gottesglanz,
Schutzfrau des Schlesierlands,
O Sankt Hedwig!

3. Kamst in der Armut Land,
Engel, von Gott gesandt,
streutest in Dorf und Stadt
reich deiner Liebe Saat,
O Sankt Hedwig!

4. Dem Volk in Not und Nacht
hast du das Licht gebracht,
strahlender Glaubensstern,
du Jüngerin des Herrn,
O Sankt Hedwig!

5. Der Erde eitler Pracht
hast du beherzt entsagt,
Demut und Niedrigkeit
waren dein liebstes Kind,
O Sankt Hedwig!

6. Der Armen Mutter du,
Bedrängten Schutz und Ruh,
Weinenden Trösterin,
allen Fürsprecherin,
O Sankt Hedwig!

7. Drum, Mutter, stark und gut,
nimm uns in deine Hut!
Schirm uns in böser Zeit

vor Satans List und Neid,
O Sankt Hedwig!

8. Bewahr des Glaubens Saat
vor Feindes Freveltat!
Segne mit Mutterhand
liebreich das *Heimatland*,
O Sankt Hedwig!

Auch in einem anderen schlesischen Wallfahrtslied gibt es Abwandlungen des Begriffes *Heimat.* Hier nun ein Lied, das im Wallfahrtsort Grüßau im Riesengebirge gesungen wurde.

Grüßauer Wallfahrtslied

1. Sei gegrüßt, du Gnadenreiche,
aus des Lebens Drang und Leid,
sei gegrüßt, du Engelgleiche,
aus dem Tale dieser Zeit.

2. Gnade ist dein ganzes Wesen,
gnadenvoll ist deine Hand.
Alles wird zum Heil genesen,
wenn es deine Güte fand.

3. Nimm den Herzen ihre Mühe.
Weihe du der Hände Pflicht,
daß uns jede Morgenfrühe
wie ein Gottestag anbricht.

4. Du bist aller Himmel Zierde,
ausgewählt zum Königstum.
Du trägst aller Kronen Würde
durch dein stilles Heiligtum.

5. Laß von deinem hohen Bilde
uns ein ferner Abglanz sein,
hingegeben deiner Milde
und erhellt von deinem Schein.

6. Du hast uns das Licht geboren,
die Erlösung und das Heil,
was wir alle einst verloren,
wurde uns durch dich zuteil.

7. Alles hast du einst empfangen,
was noch nie ein Mensch empfing.
Durch das Leid bist du gegangen,
wie noch keine Mutter ging.

8. Laß uns immer gläubig werden,
wenn auch uns das Leid bedrückt,
daß uns Gott zu den Beschwerden
deine Mutterhilfe schickt.

9. Bitte für uns, wenn die Sünde
uns in ihrem Banne hält,
daß die Seele *heimwärts* finde
aus der Fremde dieser Welt.

10. Laß uns nicht aus deinen Händen,
wenn das Leben von uns geht,

daß wir uns in Gott vollenden
wie ein ewiges Gebet.

Eines der jüngsten Wallfahrtslieder ist das 1948 entstandene **Neuzeller Wallfahrtslied** von **Georg Schrötter**, ein besonderes Glaubensbekenntnis. Der Verfasser war nicht nur Liederdichter, sondern auch Holzbildhauer, schuf viele Kreuzwege und Ausstattungen von Weihnachtskrippen.
Die Vertonung des Gedichtes stammt von **Adolf Lohmann**.

Neuzeller Wallfahrtslied

1. Maria Mutter, Friedenshort,
wir kommen in bedrängten Tagen
und bitten dich, ein Mutterwort
für uns bei Deinem Sohn zu sagen.

2. Sei du um uns wie ein Gebet
vor dem die Stürme knien müssen.
Wenn deine Bitte mit uns fleht, kann
sich Dein Sohn uns nicht verschließen.

3. Du weißt, was uns im Herzen bebt
am gläubigen und kühnen Wagen.
Wenn Deine Hand die Schatten hebt,
wird uns ein Fest der Gnade tragen.

4. Dein Haus ist wie ein Lobgesang
in dem die stummen Steine beten.
All unser Bitten wird zum Dank
und schweigt von seinen dunklen Nöten.

5. Dein Mantel ist ein goldnes Zelt
gewebt von mütterlicher Liebe.
Breit ihn als *Heimat* um die Welt,
daß keiner ohne Mutter bliebe.

6. Dein Kind ist unser Himmelreich,
das Licht von tausend klaren Sonnen
kommt doch nicht seinem Glanze gleich,
sein Herz verschenkt uns alle Wonnen.

7. Gib, daß wir unser Pilgersein
in Deines Kindes Licht vollenden.
Hüll uns in deinen Mantel ein
und führe uns an Deinen Händen.

8. Maria, Mutter, Königin,
im Jubel der erlösten Chöre
gibt unser Herz als Lied sich hin:
dir Mutter und dem Sohn zur Ehre.

Die Vorstellung vom Tod, dem Jüngsten Gericht und dem Leben in der Ewigkeit hat die Menschen über Jahrhunderte beschäftigt. Ihre Vorstellung vom dem, was nach dem irdischen Dasein erfolgt, brachten sie auch in Liedern und Gedichten zum Ausdruck.
In Leipzig wurde das von **Martin Behm** 1625 verfaßte Lied verbreitet.

O Jesu Christ, meins Lebens Licht

1. O Jesu Christ, meins Lebens Licht,
mein Herr, mein Trost, mein Zuversicht!

Auf Erden bin ich nur ein Gast,
und drückt mich sehr der Sünden Last.

2. Ich hab vor mir ein schweres Reis
zu dir ins Himmels Paradeis;
Da ist mein rechtes Vaterland,
darauf du hast dein Blut gewandt.

3. Zur Reis ist mir mein Herz sehr matt,
der Leib gar wenig Kräfte hat:
allein mein Seele schreit in mir:
Herr, hol mich *heim*, nimm mich zu dir!

4. Drum stärkt mich durch das Leiden dein
in meiner letzten Todespein.
Dein Hohn und Spott, dein Dornenkron
laß sein mein Ehr, mein Freud und Wonn.

5. Wenn mein Mund nicht kann reden frei,
dein Geist in meinem Herze schrei.
Hilf, daß mein Seel dem Himmel findt,
wenn meine Augen werden blind.

6. Dein letztes Wort laß sein mein Licht,
wenn mir der Tod das Herze bricht.
Dein Kreuz laß sein mein Wanderstab,
mein Ruh und Rast dein heilig Grab!

7. Auf deinen Abschied, Herr, ich trau,
darauf mein letzte *Heimfahrt* bau.
Tu mir die Himmelstür weit auf,
wenn ich beschließ meins Lebens Lauf.

8. Wie werd ich dann so fröhlich sein!
Werd singen mit den Englein
und mit der Auserwählten Schar
ewiglich schaun dein Antlitz klar!

Auch **Paul Gerhardt** (1607-1676) stellte sich dieser Problematik. In all der vielen Not seines Lebens hat er im tiefen Glauben an Gott festgehalten. Seine Lieder spenden vielen Gläubigen: Kraft, Trost und Gottvertrauen.

Ich bin ein Gast auf Erden

1. Ich bin ein Gast auf Erden
und hab hier keinen Stand,
der Himmel soll mir werden,
da ist mein Vaterland.
Hier reif′ ich bis zum Grabe,
dort in der ewgen Ruh
ist Gottes Gnadengabe,
die schleußt all Arbeit zu.

2. Was ist mein ganzes Wesen
von meiner Jugend an
als Müh und Not gewesen?
Solang ich denken kann,
hab ich so manchen Morgen,
so manche liebe Nacht
mit Kummer und mit Sorgen
des Herzens zugebracht.

3. Mich hat auf meinen Wegen
manch harter Sturm erschreckt;
Blitz, Donner, Wind und Regen
hat mir manch Angst erweckt;
Verfolgung, Haß und Neiden,
ob ichs gleich nicht verschuldt,
hab ich doch müssen leiden
und tragen mit Geduld.

4. So gings den lieben Alten,
an deren Fuß und Pfad
wir uns noch täglich halten,
wanns fehlt am guten Rat;
sie zogen hin und wieder,
ihr Kreuz war immer groß,
bis daß der Tod sie nieder
legt in des Grabes Schoß.

5. Ich habe mich ergeben
in gleiches Glück und Leid;
was will ich besser leben
als solche frommen Leut?
Es muß ja durchgedrungen,
es muß gelitten sein;
wer nicht hat wohl gerungen,
geht nicht zur Freud hinein.

6. So will ich zwar nun treiben
mein Leben durch die Welt,
doch denk ich nicht zu bleiben
in diesem fremden Zelt.
Ich wandre meine Straßen,
die zu der *Heimat* führt,

da mich ohn alle Maßen
mein Vater trösten wird.

7. Mein´ *Heimat* ist dort oben,
da aller Engel Schar
den großen Herrscher loben,
der alles ganz und gar
in seinen Händen traget
und für und für erhält,
auch alles hebt und leget,
nachdems ihm wohlgefällt.

8. Zu dem steht mein Verlangen,
da wollt ich gerne hin;
die Welt bin ich durchgangen,
daß ichs fast müde bin.
Je länger ich hier walle,
je wenige find ich Freud,
die meinem Geist gefalle;
das meist ist Herzeleid.

9. Die Herberg ist zu böse,
der Trübsal ist zuviel.
Ach komm, mein Gott, und löse
mein Herz, wann dein Herz will;
komm, mach ein selig Ende
an meiner Wanderschaft,
und was mich kränkt, das wende
durch deinen Arm und Kraft.

10.Wo ich bisher gesessen,
ist nicht mein rechtes Haus.
Wenn mein Ziel ausgemessen,

so tret ich dann hinaus,
und was ich hier gebrauchet,
das leg ich alles ab;
und wenn ich ausgehauchet,
so scharrt man mich ins Grab.

11. Du aber, meine Freude,
du meines Lebens Licht,
du ziehst mich, wenn ich scheide,
hin vor dein Angesicht
ins Haus der ewgen Wonne,
da ich stets freudenvoll
gleich als die helle Sonne
nebst andern leuchten soll.

12. Da will ich immer wohnen
und nicht nur als ein Gast
bei denen, die mit Kronen
du ausgeschmücket hast;
da will ich herrlich singen
von deinem großen Tun
und frei von schnöden Dingen
in meinem Erbteil ruhn.

In einen Abschnitt des Gesangbuchs für Rheinland und Westfalen aus dem Jahre 1914 unter dem Titel „Die letzten Dinge“ wurde der folgende Text von **Nikolaus Ludwig von Zinzendorf** (1700 -1760) eingeordnet.

Aller Gläubigen Sammelplatz ist da

Aller Gläubigen Sammelplatz ist da,
wo ihr Herz und Schatz,
wo ihr liebster Jesus Christ
und ihr Herze hier schon ist.

Eins geht da, das andere dort
in die ew´ge *Heimat* fort,
ungefragt, ob die und der
uns nicht hier noch nützlich wär.

Aber wenns nun schon geschehn,
und er kann nie was versehn,
hat man nichts dabei zu tun
als zu schweigen und zu ruhn.

Manches Herz, das nicht mehr da,
geht uns freilich gar sehr nah:
aber Herr, du bist uns mehr
als das eigne Leben wär.

In Halle/Saale wurde um 1704 nach der Weise „Die Tugend wird durch Kreuz geübet" folgendes Lied gesungen:

Laß mir, wenn meine Augen brechen,
Herr, deinen Frieden fühlbar sein.
Komm, deinen Trost mir zuzusprechen,
und segne du mein matt Gebein.
Gib Ruhe mir in deinen Armen,
darin ich Gnad und Frieden fand,

und trag mich vollends mit Erbarmen
sanft zu dir *heim* ins Vaterland.

Seit Anfang des 18. Jh. wurde in evangelischen Kirchen nach der Melodie „Jesus, meine Zuversicht“, das Lied von **Benjamin Schmolck** (1672-1737) gesungen. Neben dem Begriff *Vaterland* wurde auch *Heimat* - mit einem Attribut versehen - verwendet. Die irdische Pilgerschaft wird mit zahlreichen lyrischen Bildern beschrieben.

Himmelan geht unsre Bahn

1. Himmelan geht unsre Bahn,
wir sind Gäste nur auf Erden,
bis wir hin nach Kanaan
durch die Wüste kommen werden;
hier ist unser Pilgrimstand,
droben unser Vaterland.

2. Himmelan schwingt dich,
mein Geist, denn du bist ein himmlisch Wesen
und kannst das, was irdisch heißt,
nicht zu deinem Zweck erlesen;
ein von Gott erleucht´ter Sinn
kehrt in seinen Ursprung hin.

3. Himmelan! ruft Gott mir zu,
wenn ich ihn im Worte höre;
das weist mir den Ort der Ruh,
wo ich einmal hingehöre.
Wenn mich dieses Wort bewahrt,
halt ich eine Himmelfahrt.

4. Himmelan! Mein Glaube zeigt mir
das schöne Los von ferne,
daß mein Herz schon aufwärts steigt
über Sonne, Mond und Sterne;
denn ihr Licht ist viel zu klein
gegen jenen Glanz und Schein.

5. Himmelan wird mich der Tod
in die rechte *Heimat* führen,
da ich über alle Not
ewig werde triumphieren.
Jesus geht mir selbst voran,
daß ich freudig folgen kann.

6. Himmelan, ach himmelan!
Das soll meine Losung bleiben.
Ich will allen eitlen Wahn
durch die Himmelslust vertreiben;
Himmelan steht mir mein Sinn,
bis ich in dem Himmel bin.

Die Autorschaft des folgenden Liedes wird **Johann Philipp Neumann** (1774-1849) zugeschrieben.

Wohin soll ich mich wenden

1. Wohin soll ich mich wenden,
wenn Gram und Schmerzen mich drücket?
Wem künd ich mein Entzücken,
wenn freudig pocht mein Herz?
Zu dir, zu dir, o Vater,

komm ich in Freud und Leiden,
du sendest ja die Freude,
du heilest jeden Schmerz.

2. Ach, wenn ich dich nicht hätte,
was wär´n mir Erd´ und Himmel?
Ein Bannort jede Stätte,
ich selbst in Zufalls Hand.
Du bist´s, der meinen Wegen
ein sichres Ziel verleihet
und Erd´ und Himmel weihet
zu süßem *Heimatland.*

3. Doch darf ich dir nahen,
mit mancher Schuld beladen?
Wer auf der Erde Pfaden
ist deinem Auge rein?
Mit kindlichem Vertrauen
eil ich in Vaters Arme,
fleh´ reuerfüllt: Erbarme,
erbarm, o Herr, dich mein!

4. Süß ist dein Wort erschollen:
Zu mir, ihr Kummervollen!
Zu mir! Ich will euch laden,
euch nehmen Angst und Not.
Heil mir! Ich bin erquicket!
Heil mir! Ich darf entzücket
mit Dank und Preis und Jubel
mich freu´n in meinem Gott.

Von dem Komponisten **Hans Jakob Breiter** (1845-1893) stammt auch der folgende Text:

Daheim, o welch ein schönes Wort!

1. *Daheim*, o welch ein schönes Wort!
Daheim, o welch ein lieber Ort!
Daheim, wie gerne möchte ich *heim*,
um ewig bei dem Herrn zu sein!

2. Zwar hier in diesem Fremdlingsland
umschlingt uns noch manch Liebesband;
doch *heim*, so ruft mein ganzes Herz,
nur *heim*, nur *heim*, nur himmelwärts!

3. Bin ich noch fern vom *Heimatort?*
So fragt mein Herz von Ort zu Ort.
Wer sagt mir´s wohl, bin ich noch fern
von meiner *Heimat*, von dem Herrn?

4. *Daheim*, da wünscht mein Herz zu sein,
daheim, befreit von Not und Pein,
daheim, wo keine Sünde mehr,
daheim, fern von dem Spötterheer.

5. Hier ist für mich des Bleibens nicht,
mein Blick bleibt himmelwärts gericht´t;
nein, hier in diesem Tränental
ist nicht des Pilgers Ruhesaal.

6. Drum *heim*, o *heimwehkrankes* Herz
wann lindert Jesus deinen Schmerz?
Ja, *heim*, doch liebes Herz, nur still!
Heim, *heim* nur, wann der Vater will!

Im fernen K(C)anada, weit von seiner irdischen Heimat dichtete **Franz Ludwig Jörgens** (1827) einen sehr tiefgreifenden Anruf, wenngleich als Frage formuliert.

Wo findet die Seele die Heimat, die Ruh?

1. Wo findet die Seele *die Heimat*, die Ruh?
Wer deckt sie mit schützenden Fittichen zu?
Ach, bietet die Welt keine Freistatt mir an,
wo Sünde nicht kommen, noch anfechten kann?
I: Nein, nein, nein, nein, hier ist sie nicht;
Die Heimat der Seele ist droben im Licht. :I

2. Verlasse die Erde, *die Heimat*, zu seh´n.
Die Heimat der Seele so herrlich, so schön!
Jerusalem droben, von Golde gebaut,
ist dieses *die Heimat* der Seele, der Braut?
I: Ja, ja, ja, ja, dieses allein,
kann Ruh´platz und *Heimat* der Seele nur sein. :I

3. Wie selig die Ruhe bei Jesus im Licht!
Tod, Sünde und Schmerzen die kennt man dort nicht.
Das Rauschen der Harfen, der liebliche Klang,
bewillkommt die Seele mit süßem Gesang.
I: Ruh´, ruh, ruh, ruh, himmlische Ruh´,
im Schoße des Mittlers, ich eile Dir zu. :I

4. Bei aller Verwirrung und Klage allhier
ist mir, o mein Heiland, so wohl stets bei dir!
Im Kreise der Deinen sprichst „Friede!“ du aus.
Da bin ich mit deiner Gemeinschaft zu Haus!
I: *Heim, heim, heim, heim,* auch ja nur *heim!*
O komme, mein Heiland, und hole mich *heim!* :I

Bereits im 18. Jh. wurde nach der weltlichen Weise: „O Welt, ich muß dich lassen“ von **Gerhard Tersteegen** - eine geistliche Fassung gedichtet, in der das irdische Leben als Wanderschaft zur Ewigkeit aufgefaßt wurde.

Nun sich der Tag geendet

1. Nun sich der Tag geendet,
mein Herz sich zu dir wendet
und danket inniglich;
dein holdes Angesichte
zum Segen auf mich richte,
erleuchte und entzünde mich.

2. Ich schließe mich aufs neue
in deine Vatertreue
und Schutz und Herze ein;
die fleischlichen Geschäfte
und alle finsteren Kräfte
vertreibe durch dein Nahesein.

3. Daß du mich stets umgiebest,
daß du mich herzlich liebest
und rufst zu dir hinein,

daß du vergnügst
alleine so wesentlich,
so reine, laß früh und spät mir wichtig sein.

4. Ein Tag der sagt dem andern,
mein Leben sei ein Wandern
zur großen Ewigkeit.
O Ewigkeit, so schöne,
mein Herz an dich gewöhne,
mein *Heim* ist nicht in dieser Zeit.

Mit Blick auf die Lebensvollendung und die Todesnähe eines Menschen dichtete **Georg Thurmair** im Jahre 1935 folgende Verse, die noch im selben Jahr von **Adolf Lohmann** vertont wurden. Hier hat der Begriff *Heimat* eine metaphysische Bedeutung.

Wir sind nur Gast auf Erden

1. Wir sind nur Gast auf Erden
und wandern ohne Ruh
mit mancherlei Beschwerden
der ewigen *Heimat* zu.

2. Die Wege sind verlassen,
und oft sind wir allein.
In diesen grauen Gassen
will niemand bei uns sein.

3. Nur einer gibt Geleite,
das ist der Herre Christ;

er wandert treu zur Seite,
wenn alles uns vergißt.

4. Gar manche Wege führen
aus dieser Welt hinaus.
O daß wir nicht verlieren
den Weg zum Vaterhaus.

5. Und sind wir einmal müde,
dann stell ein Licht uns aus,
o Gott, in deiner Güte;
dann finden wir nach Haus.

Neben dem Schmerz über den Verlust der *Heimat* gibt es in den ersten Nachkriegsjahren (nach 1945) auch Hoffnung auf Linderung des Schmerzes.
In dem folgenden Lied werden rein lyrische Elemente mit religiösen Anrufen verbunden.

Benno Nehlert verfaßte einen Text, der von **Erich Lokay** vertont wurde.

Wir stehen wartend vor den Toren

Wir stehen wartend vor den Toren
und klopfen, pochen, hämmern an.
Zu *Heimat*, ewig unverloren,
wann wird die Pforte aufgetan?
Wir sind nicht Bettler,
sind die Erben aus uralt schlesischem Geschlecht,
gewillt, nicht *heimatlos* zu sterben.
Auch *Heimatrecht* ist Gottesrecht.

In unsern Träumen stehn die Weiten
vom Riesenkamm zum Oderstrom,
die Rauschenwälder, Ackerbreiten,
der Dörfer Frieden, Stadt und Dom.
Der ganze reiche Gottesgarten,
den Väterfleiß dem Nichts entrang,
läßt fremde Willkür ihn entarten,
uns bald wie einstens blüh der Dank.

In unsrer *Heimat* ruhn die Toten,
die uns die Nächsten,
Liebsten sind; und Ehrfurcht hat uns Gott geboten
vorm Staube selbst im Zeitenwind.
Wir wollen nicht, daß Stein und Kränze
des Fremdlings Haß zerstückt, zerpflückt;
wir wollen, daß in jedem Lenze
ihr Grab ein Strauß der Liebe schmückt.

Wir stehen wartend vor den Toren und klopfen,
pochen, hämmern an, zur *Heimat*, ewig unverloren,
wann wird die Pforte aufgetan?
Sankt Hedwig, Hort des Schlesierlandes,
die für uns litt, steh auf,
tilg Haß und Völkerschande,
nimm uns in unsre *Heimat* mit!

Heimatverlust

Nach dem Zweiten Weltkrieg mußten sich auch die Kirchen in einen besonderen Dienst der Nächstenliebe stellen, um Millionen von Flüchtlingen und Vertriebenen seelsorgerisch zu erreichen, sie einzugliedern in das Leben, in das Leben von Gemeinden und ihrer Organe. Der gewaltsame Verlust der *Heimat* bedeutete nicht nur den Verlust der Bleibe, des sprichwörtlichen Daches über dem Kopf, sondern in der Folge eine Entwurzelung, Loslösung von jeglichen Bindungen, aber auch Enttäuschung nicht nur über menschliches Verhalten, sogleich in Verknüpfung mit der Frage: *Gott, wie konntest du dies zulassen?*

Die Vertriebenen, die sich weder aus eigenen Kräften versorgen konnten, bedürften nicht nur leibliche Hilfe, sondern auch Seelsorge, die diese Not sah und verstand, ihr wußte zu begegnen. Vieles ist von der Inneren Mission und dem Evangelischen Hilfswerk an Hilfen geleistet worden. Die Caritas mußte ihre Strukturen erweitern, denn die Katholiken fanden sich plötzlich in den Gebieten der bisherigen Diaspora und waren besonders gefragt.
In vielen Massenlagern, wie in Berlin und Friedland wurden Dienste eingerichtet. Es galt der Leitsatz, daß Seelsorge ohne materielle Hilfe und materielle Hilfe ohne Seelsorge unglaubwürdig sind. Dann wurde entsprechend praktiziert. Konfessionelle Gegensätze oder Verschiedenheiten auch in der liturgischen Tradition stießen aufeinander.

Ausgleich wurde gesucht. Ein langwieriger Prozeß setzte ein. Landeskirchen und Gemeinden haben sich über Jahre bemüht, die Vertriebenen zur Mitarbeit in den Gemeinden zu gewinnen. Das Ergebnis blieb über Jahre recht dürftig. Vertriebene Pfarrer und Laien griffen auch zur Selbsthilfe. Schon 1950 schlossen sich die Kirchen zum „Konvent der zerstreuten evangelischen Ostkirchen“ zusammen, ferner wurde der „Kirchliche Hilfsausschuß für die Ostvertriebenen (Ostkirchenausschuß) gegründet, der im Namen der EKD seinen Dienst für die evangelischen Vertriebenen tat und noch weiterhin tut. Der Rat der EKD setzte schließlich einen „Beauftragten für Umsiedler- und Vertriebenenfragen“ ein.

In der katholischen Kirche Westdeutschlands gehörte die Heimatvertriebenenseelsorge zu den grundlegenden Aufgabengebieten in den Bistümern und auch auf der überdiözesanen Ebene.

Schon im Jahre 1946 beauftragte Papst Pius XII. den Bischof von Ermland, Maximilian Kaller, mit der katholischen Vertriebenenseelsorge. Ein Unmaß an Lagerbesuchen, Treffen und Wallfahrten sowie Konferenzen beanspruchten ihn sehr. Gemeinsam mit anderen, wie dem Prälaten Albert Büttner, gründete er die „Königsteiner Anstalten“ mit einer Schule und Theologischen Hochschule.

In vielen Gemeinden haben auch die Vertriebenen zerstörte Kirchen wieder aufgebaut oder kleine Kapellen errichtet, Stätten für eine neue kirchliche Verwurzelung. Die kirchlichen Heimatschriften wie *Heimat und Glaube*, *Wartha-Bote*, *Königsteiner Rufe*, *Johannesbote*, *Ermlandbrief* u. a. wurden Bindeglieder der zerstreut im gesamten Bundesgebiet lebenden Christen, der entwurzelten Gläubigen aus den Ostgebieten.

Der Heilige Stuhl approbierte den Statut der Deutschen Bischofskonferenz, wonach die Apostolischen Visitatoren für Breslau, das Ermland, der Freien Prälatur Schneidemühl und der Kanonischen Visitatoren für Branitz und Glatz als volle Mitglieder der Deutschen Bischofskonferenz galten. Dies galt bis zum 31.12.1998. Nach diesem Datum sollte die Heimatvertriebenenseelsorge neu geordnet werden.
Das war der ausgesprochene Wunsch des damaligen Vorsitzenden der Bischofskonferenz, des Mainzer Bischofs Prof. Dr. Karl Lehmann.
Hier soll nun nicht weiter über die Nöten und die gesamte Problematik der Vertreibung, dem emotionalen Verlust der *Beheimatung* auch in der Kirche die Rede sein.
Auch Katholiken wirkten bei der Entstehung und Fassung der „Charta der *Heimatvertriebenen*" vom 5. August 1950 mit.
Liegt nicht dem Kernsatz dieser Erklärung eine christliche Haltung zugrunde? Er lautet:
„Wir Heimatvertriebenen verzichten auf Rache und Vergeltung. Dieser Entschluß ist uns ernst und heilig im Gedanken an das unendliche Leid, welches im besonderen das letzte Jahrzehnt über die Menschheit gebracht hat."
Den *„Neusiedlern"* in der SBZ und später in der DDR blieb es verwehrt, in kirchlichen Einrichtungen an eine *Heimatvertriebenenseelsorge* zu denken, diese zu organisieren.

Die Bischöfe in der Nachkriegszeit erlaubten als Anhang zum Diözesan-Gesang- und Gebetbuch - ostdeutsche Kirchenlieder beizufügen. Aus der Diözese Osnabrück stammt folgendes Lied:

Über Ermlands grüne Fluren

Über Ermlands grüne Fluren,
über unser *Heimatland*,
über Samland und Masuren
und dem weißen Ostseestrand,
über Haff und graue Seen
glänzt unendlich mild und rein
über Nied´rung hin und Höhen
einer Gottesflamme Schein.

Das ist jener Flamme Glänzen,
die in Jesu Herzen brennt,
Jesu Liebe ohne Grenzen,
Jesu Liebe ohne End´.
Leucht uns denn, du Trost auf Erden,
wir versprechen dir aufs neu´:
Wenn jetzt viele treulos werden,
Ermland, Herr, bleibt dir treu!

Für die Ermländer, die 1945 aus ihrer Heimat vertrieben wurden, gehörten *Heimat* und Kirche untrennbar zusammen. Deutlich wurde dies auch kurz nach der Vertreibung.
Groß war nicht nur der Schrecken, als im Juli 1947 das Herz des Bischofs zu schlagen aufhörte.
Des Bischofs Größe zeigte sich im Leid und in der Armut der Nachkriegszeit. Er vermochte Hoffnungen zu wecken, indem er auch den Gedanken der Rückkehr in die alte *Heimat*, Ermland, stützte.
Was die Ermländer nach seinem Tod empfanden, faßte **Jochen Schmach** am 7. Juli 1947 in Versen zusammen.

Zum Verständnis sei angemerkt, daß in der alten *Heimat* Ermland, ein Bischofskreuz aus Bernstein gefertigt worden ist, dem ostpreußischen Golde.

Du hast uns nun allein gelassen

1. Du hast uns nun allein gelassen,
ob auch Dein Lieben sich verzehrte
und Deine Sehnsucht auch begehrte,
uns Arme wärmend zu umfassen:
Du mußtest gehen von unsern Straßen.

2. Wie wir – zerstreut – bei Dir uns fanden!
Dein Herz und Deine stille Güte,
wie sie uns *Heimatlosen* banden!
Wie Schiffe drohten wir zu stranden,
Du aber halfst uns, gut zu landen
mit Deinem Wort, das Gott durchglühte.

3. Dein Bischofskreuz war *Heimatgabe.*
Vom Meeresgrund heraufgetrieben
von Fischerhänden aufgehoben,
hast Du das *Heimatgold* getragen.
Wir flohen bang in unsern Wagen –
da gabst Du uns, was Dir geblieben,
von Deiner Fischerhand erhoben,
das Kreuz als *Heimatland* und Habe.

4. Nun bist Du fort. Wer wird die Lücken,
die zwischen uns Verstreuten gähnen,
wie Du so innig überbrücken?

5. Doch Deine Liebe kann nicht enden.
Gott hat Dein übermächtig Schauen
gestillt mit seines Lebens Gaben.
Hier konntest Du nur mit uns weinen: –
Der Himmel erst gibt Deinen Händen
den Hirtenstab, uns zu vereinen,
daß wir wie Kinder *Heimat* haben.

Nach der politischen Wende in Ost- und Mitteleuropa - also nach 1989 - konnten die Vertriebenen zu den ihnen bekannten Wallfahrtsorten fahren. Die Gebete lassen auch ihre besondere Liebe zu dem Land, das sie einst verlassen mußten, erkennen.
Sie beten auch für die jetzigen Bewohner ihrer einstigen irdischen *Heimat.*

Maria, du bist an unserer Seite

Wenn wir die Schwachen stützen
Wenn wir für die Verfolgten und Vertriebenen beten
Wenn wir unseren Feinden verzeihen
Wenn wir den Bewohnern unserer (ehemaligen) *Heimat* mit Liebe begegnen
Wenn wir uns an deinen Gnadenstätten versammeln
Wenn wir an den Wallfahrtsorten das heilige Opfer feiern
Wenn wir dir unsere Lieben empfehlen
Heilige Maria,
halte deine Hand über unsere Pilgerfahrt
und laß uns den Weg zur wahren *Heimat* nicht verfehlen.
Amen

Wie viele deutschsprachige Dichter des osteuropäischen Raums verstand die Dichterin **Gertrud von le Fort** die christliche Dichtung als Ausdruck der Geborgenheit in Gott, in dem der Mensch Anfang und Endpunkt des Lebens hat.
Auch sie erfuhr - wie andere Dichter und Schriftsteller - am Beginn des 20. Jh. den alten Kontinent als Schauplatz von Haß und Gewalt der Völker, und so scheint es nur allzu konsequent für die Gläubige, ihn seinerseits zum Zielbild ewigen Friedens erheben zu wollen.
Noch 1912 schrieb **Gertrud von le Fort** tröstend:
„Wir sind die *Heimatlosen* unseres Gottes, jenseits zu Haus."

Doch nach dem Zweiten Weltkrieg hat sich die Dichterin mit dem Schicksal der *Heimatvertriebenen* seelisch vereinigt; trotz ihrer innigen Gottverbundenheit klingt es da merklich düsterer:
„Wir sind von einem edlen Stamm genommen, der schuldvermählt, ...
Gott riß uns los -, verfolgt und bloß...." -

Johannes Smaczny verfaßte in Jahre 1947 in Werl einen **Marienruf.**

„**Heilige Maria** als Helferin bekannt,
schütze unsre *Heimat*, unser Vaterland! Vaterland!"

Aber auch in Gebeten klingt der Begriff *Heimat* immer wieder an, wenngleich nicht die irdische gemeint sein dürfte. **Gcrd Fischer von Mollard** schrieb 1948 den folgenden Text.

Das erfahrene Unrecht schwächt zwar die Lebenskräfte, doch der Glaube an die Hilfe vom himmlischen Vater stärkt ihn wieder.

Gebet

1. Vater! In dem All umschlossen
rings die Sternenwelten ruh´n,
die seit fernen Urgezeiten
Deinen heil´gen Willen tun.

2. Dessen Strom der Lebenskräfte
dringet jedem Wesen ein:
Sende mir in meine Schwachheit
Deines Lichtes hellen Schein.

3. Daß er ganz mein Herz durchglühe,
schöpfend nur aus Deiner Kraft.
Als Dein Eigen ich erblühe,
das in Deinem Werke schafft.

4. Laß hienieden auf der Erde
hell Dein Licht mich immer seh´n.
Daß Dein Reich mir *Heimat* werde:
Laß in Deiner Kraft mich steh´n!

Unter dem Eindruck der Not der Nachkriegszeit verfaßte **Franz Lorenz** folgendes Lied, in dem er Zuversicht durch die Hilfe Marias schöpft.

Von Krieg und Not geschlagen

1. Von Krieg und Not geschlagen,
hilf uns das Elend tragen,
laß uns aus Schmach und Sünden
zu Gottes Näh hin finden. Maria,
schreite Du voraus,
führ uns zurück ins Vaterhaus! O Maria!

2. Noch bluten viele Wunden,
hilf Leib und Seel gesunden!
In alle Welt vertrieben,
laß finden unsre Lieben.
Maria, schreite voraus ...

3. Das Land, das uns geboren,
in dir bleibt´s unverloren.
Laß uns aus Qual und Wehen
die *Heimat* neu entstehen.
Maria, schreite du voraus...

Einen Kanon als Anruf an die Heilige Hedwig schuf **Herbert Smaczny**.

Heilige Hedwig

Heilige Hedwig, Schutzfrau unserer *Heimat.*
Komm uns zur Hilfe und rette uns.

Wie ein flehender Ruf an die Landespatronin kann wohl das dreistrophige Lied von **Albert Sauer** angesehen werden.

Zu dir, Sankt Hedwig, rufen wir

1. Zu dir, St. Hedwig,
rufen wir in unsrer großen Not!
O Landesmutter, sieh uns an,
wir sind verfolgt vom Tod!
Wir sind verjagt, verfemt, verfrönt,
uns über der Satan höhnt.
Sieh an dein Volk, sieh an dein Land,
und reiche du uns deine Hand!
Sankt Hedwig, Sankt Hedwig,
bitt du für uns bei Gott!
O Mutter, o Mutter,
hilf uns in unsrer Not!

2. Patronin unsrer *Heimat* du,
auf dich wir fest vertrauen,
wenn uns der Mut entschwinden will,
empor zu dir wir schaun!
Des Schlesierlandes Herzogin,
du unsrer *Heimat* Schützerin,
o sieh uns hier in Not und Leid,
und keiner ist, der uns befreit!
Sankt Hedwig, sankt Hedwig,
bitt du für uns bei Gott!
O Mutter, o Mutter,
hilf uns in unsrer Not.

3. Sankt Hedwig, edle, hohe Frau,
du kennst den großen Schmerz,
du kennst den Jammer und die Not,
du hast ein Mutterherz!
So laß uns nicht vergeblich flehn,
und laß dein Volk nicht untergehn!
Tritt vor uns hin, reich uns die Hand,
führ uns zurück ins *Heimatland!*
Sankt Hedwig, Sankt Hedwig,
bitt du für uns bei Gott!
O Mutter, o Mutter,
hilf uns in unsrer Not!

Das Sudetendeutsche Priesterwerk verbreitete in der Zeitschrift **Heimat und Glaube**, (Nr. 1/2003) den Text eines Gebetes in der Weihnachtszeit:

Mein Sohn bist Du, heute habe ich Dich gezeugt. (Ps.2,7)
Jesus, du gnadenreiches Kind, du selbst bist die Gnade, die der Vater im Himmel uns schenkt, damit wir Leben haben in Fülle.
- Wir vertrauen auf dich.
Jesus, du göttliches Kind, du Gott, der Kind wurde für uns Menschen und um unseres Heiles willen; du machst uns zu Söhnen und Töchtern unseres himmlischen Vaters.
- Wir vertrauen auf dich.
Jesus, du königliches Kind, wir haben dein Bildnis geschmückt mit den Zeichen des Herrschertums. Du bist der „heimliche Kaiser", der die Geschicke der Menschheit zum Heile führt.
- Wir vertrauen auf dich.

Jesus, du gehorsames Kind, du hast dein Erdenleben auf dich genommen, wie der Vater es fügte. Schenke uns die Bereitschaft, dem Willen des himmlischen Vaters zu folgen!
- Wir vertrauen auf dich.
Jesus, du barmherziges Kind, für uns Sünder bist du in die Welt gekommen. Löse die Fesseln von Schuld und Verhängnis, in denen wir verstrickt sind von Geschlecht zu Geschlecht!
- Wir vertrauen auf dich.
Jesus, du kleines Kind, arglos und wehrlos, ohne Macht und Einfluß, ohne Geltung und Leistung hast du unter uns gelebt. Nimm den Haß aus unseren Herzen, die Lüge von unseren Lippen, die Waffen aus unseren Händen!
- Wir vertrauen auf dich.
Jesus, du starkes Kind, du trägst die Weltkugel in deiner Hand, deine Rechte segnet uns. Segne die ganze Erde mit allem, was lebt; segne unsere *Heimat!*
- Wir vertrauen auf dich.
Jesus, du rettendes Kind, alles Leid ist bei dir geborgen, keine Not ist dir fremd. Zu dir kommen wir und klagen dir unsre Bedrängnis. Schließe in dein Herz unsere Zweifel und Ängste; bleibe bei uns, wenn wir nicht Rat noch Ausweg wissen. - Erbarme dich auch der verfolgten Kirche!
- Wir vertrauen auf dich.
Jesus, du wunderbares Kind, wir schauen dich an und in deinem Gnadenbild. Betende Menschen sind zu dir gepilgert, jahrhundertelang. Rufe uns aus allen Völkern, Stämmen und Sprachen in die Schar der Geretteten, die niemand zählen kann!
- Wir vertrauen auf dich.
Erschienen ist uns die Güte und Menschenfreundlichkeit unseres Gottes. (Phil 2,7)

Nachwort

Die ermittelten Texte für diese Sammlung zeigen, daß das Wort *Heimat* im Verlaufe der Jahrhunderte auch im religiösen Bereich immer wieder Bedeutungswandlungen unterworfen war. Es gab Zeiten, in denen man für dieses Wort mit Attribut *irdische Heimat* - den Begriff *Vaterland* gebraucht hat.

Angesichts der millionenfachen Entwurzelung von Menschen im 20. Jh. bleibt die Besinnung auf die verlorene Geborgenheit, Vertrautheit mit der Umgebung ein aktuelles Thema. Dieser Begriff kehrt zurück und ist in verschiedenen Kontexten präsent.

Vertriebene und Flüchtlinge haben auch hierzulande die *Heimatliebe* entdecken und pflegen gelernt. Denn. Was man besitzt, schätzt man nicht so, erst dann, wenn man es verloren hat.

Das Gefühl des Verlustes von *Heimat* brachten jüngst nicht nur die Flüchtlinge und Vertriebenen des Balkankrieges der 1990er Jahre in Erinnerung, auch danach gab es Menschen, die die Flucht ergriffen, um das eigene Leben zu retten. Vertriebene mußten weichen, weil ihr Besitz, ihr Land begehrt wurden. Deren *Heimat* hatte dunkle Seiten bekommen. Weg war plötzlich die geordnete Welt des Kleinstädtchens oder Dorfes, der Kreislauf der Natur wirkte unterbrochen, ebenso der Ablauf der Arbeits- und Festtage. *Heimat* hat einen geistigen Wert; sie meint zunächst einen begrenzten äußeren Raum, in dem der Mensch eine Prägung durch Sprache, durch Geschichte und durch das Erleben der Gemeinschaft erfährt. *Heimat* ist im Kern doch etwas Gemeinschaftliches, Familiäres. Dafür braucht sie Zeit und

Raum, worin sich der Mensch leiblich und geistig gesichert weiß, indem er auch Verwurzelung verspürt. Im Gefühl des Getragen- und Gehaltenseins gewinnt er festen Grund, gesicherten Stand, eigenen Charakter. Der Einzelne erfährt auch die Ausrichtung auf die Gemeinschaft.
Eine besondere Form der Gemeinschaft ist die Religion, im Glauben und in der Kirche.

In einer *Paderborner Zeitung* war Anfang des 21. Jh. zu lesen:

Da ist die Heimat

Da ist *die Heimat*
Wo man dich kennt, wo man dich liebt,
Dir warm zum Gruß die Hände gibt,
Dir klar und treu ins Auge schaut,
Wo Weg und Stege dir vertraut,
Wo Jugendtraum dich noch umspielt,
Wo einer mit dem andern fühlt,
Wo deiner Hände Arbeit Spur
Noch sichtbar ist auf Feld und Flur,
Wohin die Seele wandern geht,
Wenn dich die Fremde kalt umweht,
Da ist *die Heimat.* Beug dein Knie:
„Herr, Gott im Himmel, segne sie!“

Der Kölner Erzbischof **Joachim Kardinal Meisner** hat in seiner Predigt beim Gottesdienst mit dem Zentral-

Dombau-Verein im Hohen Dom zu Köln am 9. November 2008 einen Begriff wieder belebt:
„Liebe Schwestern, liebe Brüder! Die Heilsgeschichte ist von Anfang an eine Suche des Menschen nach der letzten *Heimstatt.*
Die Erde ist bewohnbar, weil Gott sie für den von ihm geliebten Menschen als eine solche *Heimstatt* bereitet hat. Aber sobald sich sein Herz umdreht und er seinen Ursprung vergißt, wird die *Heimstatt* zum Versteck für seinen Egoismus. Sie öffnet sich dann nicht mehr zum Empfang und zur Begegnung, sondern sie verschließt sich in Selbstgenügsamkeit und Selbstgerechtigkeit…“

Der Heimatbegriff war auch in einem Text, einem gebetähnlichen, anzutreffen, der im September 2008 in der Zeitschrift **Heimat und Glaube** veröffentlicht wurde.
Adelheid Sklepinski schlägt ihn vor und nennt auch Gründe.
So sei *die Heimat* doch das Liebste auf Erden, das Kraft gebe, die zur Entfaltung der Sinne führe. Man spüre sie in grünen Tälern, auf den Höhen der Berge.

Wenn die Abendglocken läuten

Wenn die Abendglocken läuten,
bete für deine *Heimat.*
Wenn die Sterne den Himmel schmücken,
träume für deine *Heimat.*
Wenn die Sonne den Himmel erglüht,
danke Gott für deine *Heimat.*

Im Jahresverlauf begegnet man oft und bei unterschiedlichen Anlässen dem Wort *Heimat* bzw. seinen verwandten Begriffen.
Zu einem Jahresende veröffentlichte die *Kölner Kirchenzeitung* einen Text aus dem Band „Die Weisheit der Kelten“ unter der Fragestellung:

„Wo bin ich daheim?“

Wo bin ich *daheim?*
Ist es das Haus, das ich bewohne,
der Garten, den ich im Sommer genieße,
das Land, das ich durchstreife,
die Kirche, in der ich bete?
Der Ort meines Daseins
ist dort, wo mein Herz ausruhen kann.

Am tiefsten aber ruht mein Herz,
wenn es sich betend an Gott wendet.
Wo immer ich bete, bin ich *daheim.*

Viele Aspekte wurden in den Texten angesprochen, sie regen zum Nachdenken über die mögliche eigene Antwort auf die Frage nach der Bedeutung von *Heimat* an.

Das Abwägen einiger Gesichtspunkte erleichtert vielleicht die Zustimmung zu der letzten, klaren Antwort oben.
Solange sich ein Mensch „unterwegs“ weiß, wird er auch im Gespräch mit Gott bleiben und er wird die Kraft ha-

ben zum Weitermachen. Die „Heimat“ wird ihn locken und ziehen, auch die *Heimat `droben im Licht´*. Wer sich aber auf dieser Erde ansiedeln will, wird das Gespräch mit Gott aufgeben, um nur mit Menschen zu reden; rechthaberisch und unfriedlich dürften auch die Worte sein. Wird er frei von Enttäuschungen bleiben?
Wer kein Vertrauen mehr hat, der klammert sich an die Angst. Gott ist aber die Liebe, die uns nach Hause ruft. Folglich wäre *Heimatlosigkeit* nur dort zu finden, wo Zweifel, Trägheit und Feigheit, ihm, unserem Herrn, die Tür versperrt haben.

In seiner Schlußbotschaft an die deutschen Bischöfe am 15. November 1989 schrieb **Papst Johannes Paul II**.:
„Der Glaube steht heute wie immer im Widerspruch zu vielem, was gerade gängig ist, und gerade als Widerspruch dient er dem Menschen; im Mut des Widersprechens erhält er neue Schwungkraft, neue Lebendigkeit.“

Liebe Leser, ob Sie es verstehen, wenn ich sage:
Ich bin zuhause, aber doch nicht daheim, obwohl ich gerne zuhause bin. Daheim kann ich sitzen, lesen, schreiben u. v. m. Die Vertrautheit der eigenen vier Wände ist mir wichtig, und sie tut mir auch gut.
Wenn ich von einer Reise heimkomme, freue ich mich. Vielleicht fahre ich oft fort, um mich dann über die Heimkunft zu freuen. Fühle ich mich wirklich richtig daheim?

Manchmal befällt mich das Gefühl, wir sind Vorüberziehende, Wandernde.

Wie können wir Menschen richtig daheim sein, wenn wir doch stets unterwegs sind: zur Schule, zur Arbeit, zur Freizeitbeschäftigung; auch im Ruhestand bleiben wir nicht stehen. Schon im Schoße der eigenen Mutter waren wir unterwegs. Ist der Ort unserer Geburt nun unsere Heimat? Oder ist diese dort, wo wir begraben werden?
Was treibt uns umher? Wir wollen alle weiterkommen. Sind wir von einem Gefühl getragen, das uns Heimweh nach Heimat beschert?

Ist unsere Heimat wirklich im Himmel? Wann werden wir himmlische Gespräche führen?
Möchten wir dieses nicht auf Erden schon führen?

Der Glaube trägt. Aber Heimat finden ist schwer.
Die Zeit bleibt für uns aber nicht stehen.

Textverzeichnis

Literaturnachweis

Allgemeine Deutsche Biographie, Duncker & Humblot, Leipzig, 1891.

Bienek, Horst: Heimat, neue Erkundungen eines alten Themas. Hanser, München 1985.

Birken, Sigmund von: Gedichte - Weg zur Seligkeit, Nürnberg, 1649.

Brandenburgisch-pommersches Gesangbuch 1931 (Nr. 595).

Das deutsche Kirchenlied des 16. und 17. Jh. Hrsg. V. E. Wolff, Stuttgart o. J.

Dein Wort ist die Wahrheit. Evangelisches Gesangbuch für Rheinland und Westfalen, Dortmund, Druck und Verlag von W. Crüwell, 1914.

Die Heiligen Gottes in ihren Gebeten. Gebet- und Andachtsbuch für Katholiken, Winterberg, Wien und New York, J. Steinbrener, 1899.

Geistliche Lieder und Arien aus dem Schemelli – Gesangbuch.

Gotteslob, Katholisches Gebet- und Gesangbuch, Ausgabe für das Erzbistum Köln, Köln 1975.

Harre, meine Seele. Gebetbuch für unsere Kriegsgefangene, zusammengestellt von Elisabeth von Schmidt-Pauli, Drei Türme Verlag, Hamburg, Juni 1947.

Johannisburger Heimatbrief 1998, Stein, Gottlieb, Wo ist Frieden?

Katholisches Diözesan-Gesangbuch für die deutschen Pfarreien der Erzdiözese Gnesen-Posen, Breslau 1904.

Katholisches Gebet- und Gesangbuch. (Auszug aus dem Gebet- und Gesangbuch für das Bistum Berlin) Hrsg. Sr. Eminenz des Bischofs von Berlin Konrad Kardinal von Preysing, Marus-Verlag, Berlin 1946.

Lesebuch für die Oberklassen der Volksschulen des Regierungsbezirks Oberpfalz, München.

Lob Gottes aus der Heimat: Singbüchlein für Heimatvertriebene mit kurzem Gebetsanhang; als Ergänzung zu den Diözesangesangbüchern.

Ostdeutsches Gesang- und Gebetbuch. Eine Handreichung für die Gottesdienste der Heimatvertriebenen in der norddeutschen Diaspora, Adam Dworzynski, Gronau/Hannover.

Psalmen für Alletage, TvD-Verlag, Düsseldorf, 3/1997.

Preußisches Gesangbuch – Gesangbuch zum Gottesdienstlichen Gebrauch für Evangelische Gemeinden. Mit Genehmigung eines hohen Ministerii der Geistlichen Angelegenheiten. Berlin, Decker, 1853.